让幼儿
爱上科学

——学前科学教育集体活动的创新设计

诸佩利 ◎ 编著

上海教育出版社
SHANGHAI EDUCATIONAL
PUBLISHING HOUSE

序　一

　　《让幼儿爱上科学——学前科学教育集体活动的创新设计》是诸佩利老师及其团队的又一本著作,是在《和儿童一起玩科学——基于自主探究的学前科学教育活动实践研究》基础上的又一项成果。《和儿童一起玩科学——基于自主探究的学前科学教育活动实践研究》对幼儿科学教育进行了全面论述,分为理论篇和实践篇。其中,实践篇对幼儿科学教育的各种形式,如科学教育集体活动、大自然中的科学活动和区角科学活动等进行了详细阐述。《让幼儿爱上科学——学前科学教育集体活动的创新设计》则在此基础上对学前科学教育集体活动的研究进行了拓展与深化。

　　学前儿童科学教育活动形式多样,其中科学教育集体活动高效、经济、公平,对幼儿的学习和发展具有引领性,活动内容和顺序具有较强的系统性,有利于幼儿循序渐进地学习,并获得系统的经验。但目前来看,学前儿童科学教育集体活动还存在不少亟待解决的问题,如:活动设计的目标定位不清晰,核心价值难以体现;教师对幼儿科学领域发展的年龄特征、学习特点与实际发展水平把握不准,造成活动内容的难易程度不适当;活动过程缺乏有效的师幼互动,对幼儿的启发引导不够;具体的教学方法往往与幼儿的学习水平以及具体的活动内容不符,不能有效地促进幼儿的学习。

　　诸佩利老师带领她的团队,历时三年,从上述问题切入,深入细致地进行研究与实践,提出活动内容的选择应关注儿童视角,活动目标的定位应关注多元整合,活动环节架构应关注整体过程,活动材料的设计应关注结构思考,师幼互动应关注科学素养等。他们从大量实践案例中,精选小班、中班、大班共 36 个案

1

例,阐述这些设计与实施的要点。每一个活动案例具体包括设计思路、活动目标、活动准备、活动过程、活动提示、活动反思、奇思妙想、科学揭秘等内容。其中,活动提示包含科学探究过程中的安全警示,以及可能影响科学探究活动效果的因素等,为教师实施活动提供参考;活动反思则呈现教师在活动后基于儿童视角的观察与调整;科学揭秘提供了该案例的相关科学原理,供教师学习与了解。

2021年6月国务院颁布的《全民科学素质行动规划纲要(2021—2035年)》指出,重视青少年的科学素质教育,增强他们的科学兴趣、创新意识和创新能力,进而实施拔尖人才培养是当务之急。从国家发展大局和未来科技变革大势来看,科技发展的关键靠人才,科技竞争归根结底是人才竞争,只有形成青少年科学素质全面提升这个"高原",才能成就未来科技创新发展的"珠峰"。与此同时,有必要实施教师科学素质提升工程,加快提升科学教育水平,更好地助力青少年科学素质的全面提升。衷心期盼本书能给广大幼儿园教师实施科学教育集体活动带来一些启迪!

华东师范大学学前教育学系 施燕

2023年3月

序 二

当下,从信息化时代走向数字化时代,幼儿需要具备怎样的学习能力与综合素养? 面向未来,学前科学教育该如何提升幼儿的思维与创新能力? 如何提高幼儿分析问题、解决问题的能力? 学前阶段,科学教育集体教学活动需要培养幼儿哪些科学素养?

基于以上问题,我们开展了幼儿科学教育研究,强调培养幼儿的探究能力,关注幼儿的科学学习过程,鼓励幼儿敢于质疑,通过动手操作寻找答案。

教育部《幼儿园保育教育质量评估指南》提出,坚持以游戏为基本活动,理解尊重幼儿,支持其有意义的学习。

玩与学如何统一? 如何实现玩中学? 如何基于幼儿的学习特点设计科学教育集体教学活动?

学前儿童集体教学活动对幼儿发展有着积极的意义,有利于幼儿最初价值观的形成以及可持续发展。

当前的幼儿园科学教育集体教学活动往往存在以下问题。一是忽视对幼儿的基本认识。教师选择的内容较少考虑幼儿的兴趣,对幼儿的已有知识经验和身心发展规律缺少清晰的认识。二是忽视幼儿的真实问题(儿童立场)。教师对幼儿的生活与游戏关注不够,没有充分聆听幼儿的问题与需要,忽视幼儿生活和游戏中的真实问题。三是忽视幼儿的探究经历。忽视科学活动中幼儿新旧经验的联结;忽视高结构活动与低结构活动的融合与转化,探究过程形式化;忽视幼儿探究过程中积极的情感体验;只关注科学探究的结果,忽视幼儿自主探究的过程。

针对以上问题,教师应改变科学教育的理念与做法,在教学过程中实现玩中学。具体来说,教师应做到以下几点。

其一,在幼儿的生活与游戏中发现科学。好奇心是幼儿学习的原动力,教师应鼓励幼儿在生活与游戏中发现问题,以问题作为探究的起点,激发自我的内在学习动机。

其二,游戏与探究结合,实现玩中学。游戏式的活动关注探究的过程与丰富的体验,给予幼儿充分的观察、探究、记录、交流的过程体验。教师应发挥脚手架作用,尊重并回应幼儿的想法与问题,通过开放性提问、推测、讨论等方式,支持和拓展幼儿的学习。例如,在活动"好玩的纸飞机"中,当幼儿发现把纸飞机一边的尾翼往下折,飞机会转弯时,教师立刻抓住契机让幼儿探索飞机是否还能飞回来,为幼儿进一步探究与学习提供方向和指导。

我们研究团队尝试通过游戏的方式进行学与教,将幼儿的自主探究与教师的引导相结合,实现玩与学的平衡。

第一,从成人视角走向儿童视角,幼儿科学教育理念有突破。

幼儿科学活动应关注幼儿的经验和需要,将幼儿的问题作为探究的起点,聚焦幼儿真实的问题,选择探究内容,激发幼儿的探究兴趣,提升幼儿的科学探究能力。

第二,从强调教师预设走向基于幼儿经验,科学教育方式有突破。

打破科学教育强调教师预设,走向幼儿经验习得,关注幼儿科学能力的培养。科学教育内容的选择强调幼儿的经验,强调幼儿发起和生成;让幼儿体验完整的科学探究过程;重问题情境,重探究过程体验,重高结构活动和低结构活动的转换;将幼儿自发的探究兴趣引向富有教育意义的探究。

第三,从关注结果走向关注探究过程,科学教育观察与评价有改变。

改变科学教育的评价方式,从关注结果走向关注探究过程。研究团队从探究兴趣与能力两个维度,设计幼儿科学探究行为的观测点,明确科学活动观察要素。通过观察与评价推动幼儿科学能力的发展,同时促进教师专业素养的提升。

本成果针对学前儿童科学教育"重教轻探"的问题,提出"让每一个幼儿亲历探究过程",基于儿童立场开展科学活动实践研究形式与方略的创新设计,提出了"三真原则"——真问题、真环境、真探索(过程):将幼儿的问题作为科学探究的起点;让幼儿在真实的环境中探究与体验,形成"重问题情境,重探究过程体验,重高结构活动和低结构活动的转换"策略;积累幼儿科学教育集体教学活动的实践案例,形成幼儿科学探究的具体策略。

幼儿的探究是经验层面的科学知识,其核心是激发幼儿的探究兴趣,体验探究过程,发展初步的探究和解决问题的能力。《让幼儿爱上科学——学前科学教育集体活动的创新设计》用建构主义的方法开展幼儿科学教育,关注幼儿自主探究的空间,丰富幼儿探究经历,加深幼儿活动体验,进而提升幼儿观察比较、推理思考、验证判断等科学能力。探究过程包括提出问题、观察探索、调查验证、收集信息、得出结论、合作交流等基本环节,不同年龄段幼儿的探究能力是在运用探究方法(观察比较、实验验证等)分析问题、解决问题的过程中获得的。

本书精选的36个适合3—6岁幼儿的活动案例都是研究团队基于幼儿特点设计的。每一个活动案例都包括设计思路、活动目标、活动准备、活动过程、活动提示、活动反思、奇思妙想、科学揭秘,凸显了活动设计的过程性,呈现了幼儿完整的探究过程。活动提示、活动反思、科学揭秘等环节从不同维度为教师提供参考与学习,提升教师的科学素养,提高教师科学教育活动的组织能力。

每个科学教育活动案例都是问题在先,探究在后,旨在鼓励幼儿提出问题,引发探究兴趣。

每次在实施科学实验前,教师都要引导幼儿进行猜测,对可能出现的实验现象进行预测,然后与实验后的结果进行比较。

教师提出开放性问题,鼓励幼儿准确地描述自己的观察结果,尊重幼儿的想法和经验;鼓励幼儿提出疑问,在相互的交流讨论中提升思维能力。

关注过程价值的科学探究活动,让幼儿自由观察,探索新知。开放自主的探究环境,丰富可操作的探究材料,让幼儿在真实的情境中观察、探索、发现、体悟,实现自我生命的成长。

在实际的教学中,教师需要细致、深入地观察幼儿,发现和理解幼儿在游戏中的问题、感受、发现,并给予适宜的支持。教师需要进一步研究与反思,游戏式、探究式的科学活动如何激发幼儿的学习动机？如何影响幼儿对探究内容的学习？

　　和幼儿一起玩科学，和幼儿一起观察自然现象，鼓励幼儿用自己的方式进行探究，让幼儿的科学探究活动充满生机和活力！

上海市嘉定区教育学院　诸佩利

2023 年 3 月

目 录

第一章

绪 论

在当今时代,科学教育的重要性不言而喻。科学不仅是一门学科,更是一种思维方式和解决问题的工具。因此,将科学教育融入学前教育,对培养幼儿的探索精神、创新精神和解决问题的能力至关重要。

　　学前阶段是幼儿认知和发展的关键时期,此时的他们对世界充满好奇和探索的兴趣。正是在这个阶段,幼儿开始观察、探索和提出问题,因此,科学教育应以幼儿的兴趣和需求为导向,为他们提供有意义的学习体验。

　　然而,当前的科学教育存在一些问题。首先,科学教育往往忽视幼儿生活与游戏中的真实问题,导致教学内容与幼儿的实际需求相脱节。其次,科学教育缺乏对幼儿发展规律以及探索经验的认识。在科学教育中,幼儿的自主探究往往被忽视,活动过程形式化。

　　为了厘清教师对科学教育的认识,研究团队将从科学及科学教育的基本概念切入,进一步厘清教师们对科学的特征与分类的认识,以及对学前科学教育集体活动形式与价值的认识,继而能基于儿童立场进行学前科学教育集体活动的设计。

科学和学前儿童科学

一、科学的词源和定义

（一）科学的词源

哲学家和科学家曾试图给"科学"做一个能够充分反映其本质的定义，但是很难达成共识。在梵语中，"科学"是指"特殊的智慧"。在欧洲语言中，该词来源于拉丁文"scientia"，意为"知识""学问"。"科学"一词由日本明治时代学界的启蒙思想家西周使用，是"science"的译词，以作为与欧洲语言相应的词汇，侧重自然的学问。

1888 年，达尔文指出：科学就是整理事实，以便从中得到普遍的规律或者结论。达尔文的定义指出科学的内涵，即事实和规律。科学要发现人所未知的事实，并以此为依据，实事求是，不是纯思维的空想。至于规律，则是客观事物之间内在的、本质的必然联系。

因此，科学是建立在实践基础上，经过实践检验和严密逻辑论证的，关于客观世界各种事物的本质和运动规律的知识体系。

世界各国的工具书对"科学"的词汇解释有共通之处，也存在差异。

我国 1979 年版的《辞海》将科学定义为"是关于自然界、社会和思维的知识体系，是人们实践经验的结晶"。

我国 1999 年版的《辞海》将科学定义为"运用范畴、定理、定律等思维形式反映现实世界各种现象的本质和规律的知识体系"。

法国《百科全书》则认为"科学不同于常识，科学通过分类，以寻求事物之中

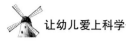

的条理。此外,科学通过揭示支配事物的规律,以求说明事物"。

苏联《大百科全书》认为:"科学是人类活动的范畴,它的职能是总结关于客观世界的知识,并使之系统化。把科学定义为一种活动,是一种动态的活动,是真理性知识的一个生产过程。"

(二) 科学的定义

结合已有的定义,我们认为,科学是建立在实践基础上,经过实践验证,具有严密逻辑论证,关于客观世界在各个领域事物现象的本质、特性、必然联系和运动规律的理性认识、知识体系。科学通俗地理解为反映自然、社会、思维等客观规律的分科的知识体系,而儿童科学启蒙教育中的科学范畴则指狭义的自然科学。

科学是人们探索世界、获取知识的过程,反映人们看待世界的方法和态度,科学的核心在于探究。

二、儿童科学

(一) 儿童像科学家一样

孩子出生时,甚至在出生之前就开始认识世界了。他们玩自己的手指和脚趾,玩毯子和玩具,玩身边所有能接触到的物品。他们观察世界,动手操作,到处跑动,追逐嬉戏,面对新鲜的事物总是充满好奇。儿童天生对许多问题感到好奇,与科学家存在令人惊讶的相似特质——好奇心、创造性、理论建构与合作。儿童是天生的科学家。

1. 儿童有强烈的好奇心和探究愿望

儿童天生具有好奇好问、精力充沛、不知疲倦地探索周围世界的鲜明特征。好奇心作为儿童与科学家的共同之处,不仅是科学发生的关键,更是教育者确信儿童科学教育存在的前提。

2. 儿童关心的问题是最基本的科学问题

儿童的很多问题恰恰是最基本的科学问题,例如:天空为什么是蓝的? 为什么鱼在水里呼吸? 为什么放久了的苹果会烂掉? 由此,儿童成为人们眼中的"十万个为什么""小小科学家"或"探索者"等。

3. 儿童是勇于实践的探索者

儿童还是勇于行动的大胆探索者,他们通过直接经验来认识事物。他们不怕失败,多次尝试。

4. 儿童与科学家的不同之处

科学家面对的是人类的未知,儿童面对的是他们自己的未知;科学家是在人类研究和自身观察基础上进行的推断和假设,文献资料有着重要的作用,儿童只是在自身经验和观察基础上进行的假设;科学家的发现需要经历几代人的努力,儿童只是简约式地进行科学发现;科学家将成果公之于众,供他人分享与验证,是人类共同的财富,儿童只是在同伴之间、师幼之间进行分享和相互质疑。

(二)学前儿童科学的定义

对学前儿童来说,科学世界无疑是充满惊喜的。很多研究表明,儿童用他们独特的理解方式创造自己的科学世界。它既充满着科学的探究精神,又不同于成人理解的科学。儿童早期已经出现对周围世界的探究性活动,并且不知不觉中运用了科学探究的方法,展现出锲而不舍的科学态度,但是发展水平和成人相比存在很大差异。

儿童科学是独特的,他们对自然界中事物和现象进行探索并形成解释的过程可以称为"科学探究"。

理解学前儿童科学的独特性,有助于我们实施符合学前儿童年龄特点的科学教育。与成人科学相比,学前儿童科学是一种经验层面的科学知识,是直接的、具体的,存在年龄和个体差异的理论建构过程,是对客观世界的独特理解。

学前儿童认识事物的特点决定了科学教育不应要求他们掌握严谨复杂的科学概念,而应引导和支持他们通过自身与周围事物的相互作用,获得具体直接的感知体验。他们对自然现象、机械运动的变化等充满好奇,满足于在未知世界里不断动手操作和探索解密。科学活动应成为学前儿童发现问题、主动探究、经历实践、积累经验的过程。

科学的特征和分类

一、科学的特征

对于科学的核心特征或者科学精神，人们有不同的观点，一般认为科学具有如下特征：

第一，理性、客观。从事科学研究以事实的客观观察为基础，通常科学家会设计实验并控制变量来保证实验的准确性。

第二，可证伪。人类其实无法知道一门学问里的理论是否一定正确，但若这门学问某些部分存在错误，人们可以严谨、明确地证明这部分的错误。

第三，存在一个适用范围。科学并不是放之四海而皆准的绝对真理。广义相对论在微观世界失效，量子理论在宏观世界失效。

第四，普遍必然性。科学理论来自实践，也必须指导实践，能够解释其适用范围内的所有已知事实。

科学是对规律的追求，凡被认为是科学的原理、定律、法则都不能有反例，任何一个客观存在、能够重复的现象，如果与已有的科学原理、定律、法则相矛盾，此科学原理、定律、法则就将被宣布终结。

综上所述，科学也是获取知识的过程，而非知识本身。科学过程的核心在于探究。

二、科学的分类

按照研究对象的不同，可以将科学分为自然科学和社会科学，它包括自然、社会和思维三个领域的知识；按照实践的不同联系，可将科学分为理论科学、技术科学和应用科学。学前儿童主要关注的是自然科学的内容,一般可以分为空间科学、地球科学、化学、物理学、生命科学和环境科学等。

空间科学:以航天技术为基础,包括空间飞行、空间探测和空间开发等内容。

地球科学:以地球系统(包括大气圈、水圈、岩石圈、生物圈)的过程与变化及其相互作用为研究对象的科学。

化学:在分子、原子层次上研究物质的性质、组成、结构与变化规律的科学。

物理学:研究物质世界最基本的结构、最普遍的相互作用、最一般的运动规律及所使用的实验手段和思维方法的科学。物理学包括声学、光学、生物物理学、流体动力学、地球物理学、力学等。

生命科学:研究生命现象、生命活动本质、特征和发生、发展规律,以及各种生物之间和生物与环境之间相互关系的科学。生命科学包括解剖学、生理学、植物学、动物学等。

环境科学:研究环境的物理、化学、生物三个部分的科学,研究人类社会发展活动与环境演化之间的相互作用、关系,寻求人类社会与环境协同演化、持续发展的途径与方法。

学前儿童科学教育的独特价值

一、科学的价值

从科学社会学的角度看,科学具有双重价值,即科学的真理价值和使用价值,两者共同构成了科学的价值体系。

科学的真理价值,其含义是追求真理和诉诸证明,这是科学的基本价值,失去真理的科学就不再是真正的科学。科学真理价值的构成,从静态角度看,包括科学研究结果的科学知识及其体系;从动态的角度看,包括科学研究过程中体现的科学精神和科学方法。科学知识、科学精神和科学方法是科学真理价值三个基本构成部分,相互联系组成一个有机整体。

科学的实用价值,是指科学促进人的发展,推动社会进步。科学应与生产、生活紧密结合。在各级各类教育机构的科学教育中,应培养学生对科学实用价值的正确认识,理解科学技术的理论基础,认识科学技术与社会生产的联系,理解科学、自然、人三者之间的关系,以及科学与职业之间的关系。

二、科学教育的价值

科学教育的价值是指通过教育实现的科学价值。人们对科学教育的价值有不同的认识,这是由人们对科学教育价值的不同取向决定的。科学教育的价值有两种观点,分别是功利主义价值观(工具论)和理想主义价值观(本体论)。

在科学教育中,功利主义价值观具有以下特点:

第一,强调科学教育应授予学生传统的科学学科体系,使学生认识和理解自然科学各学科的基本结构、概念和符号系统,强调科学知识的客观性和准确性,重视科学知识的传授和技能的训练;容易忽视科学精神、科学方法、科学态度的培养。

第二,把基础教育中科学教育的目标设定为培养科学家和专业人才,只重视少数尖子生,容易忽视全体学生科学素养的培养。

第三,科学知识的传授局限于学科中心,缺乏整合。

在科学教育中,理想主义价值观则具有以下特征:

第一,强调科学教育对学生的科学素养(包括科学精神、科学方法、科学态度等)的培养,强调系统的科学知识和技能的学习。

第二,强调学生科学学习的自主性、主动性,以及从自己的兴趣和需要出发的探索和实验,容易忽视科学学习必需的严肃性、规范性。

第三,科学知识、技能的获得过多依赖于个体的经验,缺乏科学学习的有效性。

科学教育的功利主义价值观和理想主义价值观辩证统一,保持两者的长处,规避两者的短处,才能使科学教育最大限度地获得科学的双重价值。

三、学前儿童科学教育的价值

学前儿童的科学教育与中小学科学教育既有相同之处又有不同之处,究其原因,缘于两者科学教育价值的差异。中小学的科学是一门需要被掌握的、以事实为基础的学科,而幼儿园的科学教育是科学启蒙性教育,重在激发幼儿的认知兴趣和探究欲望。

(一)学前儿童科学教育能促进幼儿全面发展

学前儿童科学教育是幼儿教育的重要组成部分,它把幼儿探索自身和周围世界的自发需求,纳入有目标、有计划的教育过程中,保证幼儿身心的全面发展,促进幼儿的健康成长。

(二)学前儿童科学教育对幼儿终身发展产生积极影响

学前儿童科学教育能保护幼儿的科学兴趣和好奇心,让幼儿学会爱护自然、探索世界,培养基本的科学素养,为一生的发展奠定重要基础。

(三)学前儿童科学教育帮助幼儿适应未来的社会发展

学前儿童科学教育使幼儿习得基本的科学知识和技能,培养科学态度和良好的行为习惯,帮助幼儿适应未来的社会发展。

第四节　学前科学教育
集体教学活动的价值

幼儿科学教育可以保护幼儿的科学兴趣和好奇心,激发幼儿的探究热情和
学习积极性,让幼儿爱护自然、探索世界,培养基本的科学素养。科学探究活动
是幼儿园重要的教育活动,帮助幼儿习得基本的科学知识和技能,培养科学态度
和行为习惯。

一、对学前科学教育集体教学活动的理解

(一)集体教学活动的定义

学前阶段的集体教学活动,一般简称为幼儿园教学活动,是教师面对全体幼
儿,依据一定的教学目标与教学内容,有目的、有计划、有组织地实施的活动,以
帮助幼儿获得有益的学习经验。它包括适宜的目标、精选的内容、周密的步骤、
完整的计划、灵活的方法和手段等。

幼儿园的活动形式多样,集体活动优势明显,对幼儿的学习和发展具有较强
的引领性。活动内容和顺序是教师精心安排的,具有较强的系统性,既有利于幼
儿循序渐进地学习,也有利于幼儿获得系统的知识经验,方便教师对幼儿的发展
作出客观评价。

(二)学前科学教育集体教学活动和幼儿自主探究的区别

1. 教学方式不同

幼儿自主探究是幼儿自己发起的自主发现、探究和思考科学知识的过程,而
科学集体教学活动是由教师发起的,以教师指导为主的,采用集体形式组织的教

学活动。

2. 教学目的不同

幼儿自主探究的目的是培养自我的自主性和独立思考能力,而科学集体教学活动的目的是让幼儿通过集体讨论、操作等形式学习科学知识。

3. 教学效果不同

幼儿自主探究能够提高幼儿的创新能力和独立思考能力,而科学集体教学活动则能提高幼儿的团队合作能力和科学素养。

4. 参与方式不同

幼儿自主探究活动是幼儿自己参与的,而科学集体教学活动是采用集体形式进行的。

因此,幼儿的自主探究活动和集体教学活动各具特点,教师可以从幼儿生活或游戏中发现探究内容,根据教学目的和需要选择合适的教学方式,以达到最佳的教学效果。

二、学前科学教育集体教学活动的价值

第一,培养幼儿的科学兴趣:基于幼儿年龄特点的游戏化、生活化、情境化的科学教育集体教学活动,能更好地吸引幼儿的注意力,培养他们对科学探究的浓厚兴趣。

第二,提高幼儿的科学素养:幼儿通过参与集体教学活动,采用实际操作的方式体验与了解科学知识,在与同伴和教师的讨论中,不断提升自我的科学素养,例如:大胆地提出自己的问题,基于观察提出自己的假设等。

第三,加强幼儿的团队合作:在科学教育集体教学活动中,幼儿协同合作完成探究任务,提升团队合作能力。

第四,提高幼儿的创新能力:在科学教育集体教学活动中,教师可以鼓励幼儿大胆尝试,勇于创新。

第五,增强幼儿的实践能力:在科学教育集体教学活动中,以实际操作为主的活动形式,可以增强幼儿的动手操作能力、思维能力。

总的来说,学前科学教育集体教学活动具有重要的科学教育价值,可以提高幼儿的科学兴趣、科学素养,为他们未来的科学学习打下坚实的基础。

学前科学教育集体教学活动的问题

教育部于 2001 年颁布的《幼儿园教育指导纲要(试行)》中明确将"科学"列为幼儿园教育内容的五大领域之一,将"自主探究"和"回归生活"作为幼儿园科学教育的主旨。2012 年教育部颁布《3—6 岁儿童学习与发展指南》,将科学纳入幼儿的学习与发展体系,指出幼儿科学学习的核心是激发探究兴趣,体验探究过程,发展初步的探究能力,主张保护幼儿的好奇心,充分利用自然和实际生活机会,引导幼儿通过观察、比较、操作、实验等方法,学习发现问题、分析问题和解决问题。

当下信息化时代背景下,科学教育受到人们越来越多的关注,幼儿园重视科学教育,创设科学探究活动室,为幼儿提供较为丰富的科学探究环境。目前,科学教育依然存在以下两个问题:

一、科学教育内容的选择忽视幼儿的真实问题

科学教育内容的选择忽视儿童立场,教师对幼儿多元化和个性化的需求关注不够,缺乏对生活及大自然中科学内容的敏感性,对幼儿已有的认知经验分析不够,忽视幼儿生活中的真实问题。

二、科学教育集体活动的设计忽视幼儿的探究经历

科学教育的形式单一,幼儿自主探究的愿望没有得到充分满足。活动中,教师对幼儿科学能力的发展认识不足,过度关注科学探究的结果,忽视幼儿自主探究的过程,忽视高结构活动与低结构活动的转化,忽视幼儿科学探究能力的培养,缺乏基于儿童立场提升幼儿科学探究能力的方法。

基于儿童立场的学前科学教育集体活动的设计

一、指导理论

国内外研究者对科学教育做了大量的研究,科学教育研究的最新成果为科学教育发展提供新的理论基础。

(一)谢尔曼的科学游戏论:像做游戏一样学科学

美国心理学家谢尔曼(M. Shermer)认为科学是有规则的游戏。游戏是幼儿的生活方式、学习和工作的方法。幼儿在游戏化的科学活动中更能感受科学的乐趣。让科学普及化使之变成好玩的游戏,使科学成为生活的一部分。幼儿像"做游戏"一样"学科学",获得的不仅是知识经验,还有科学思维能力、科学态度和精神。

(二)教学做合一:基于动手探究的科学教育

"教学做合一"是陶行知生活教育理论倡导的教学方法论。对幼儿来说,离开了生活的科学教育十分抽象,难以理解,没有实际意义,应该让幼儿自由自在地游戏。他主张将幼儿带到具体的生活环境中,与大自然面对面接触,了解大自然的变化。教师可以选取幼儿生活中经常接触到的科学现象、科学知识,通过游戏化、生活化的活动,激发幼儿对科学的兴趣,通过做的过程培养幼儿的实践创新能力。

(三)过程导向论:关注幼儿科学学习过程

大卫·杰纳·马丁(D. J. Martin)在《建构儿童的科学——探究过程导向的

幼儿科学》中提出了过程导向理论,认为幼儿的科学教育活动不应以目标为导向,而应以过程为导向,强调在参与过程中培养幼儿的动手能力,让幼儿对自己感兴趣的问题质疑,并通过操作设计活动来寻找问题的答案。

在国内外教育学家和教育者的学前科学启蒙教育研究中,科学游戏论、教学做合一和过程导向论等理论,为基于自主探究的科学教育提供了理论支撑,对科学教育的实践研究有重要启示。

二、主要观点

研究团队以科学活动探索者的身份走近幼儿,了解幼儿的疑问,尊重幼儿的想法,满足幼儿主动探索的欲望,激发幼儿热爱科学的情感态度,让幼儿积累科学探究的能力和方法。

在此过程中,团队的研究逐渐形成了"三真原则",即重视真问题、真环境、真过程,努力探索和幼儿一起玩科学的策略和方法。

(一) 真问题——将幼儿的问题作为科学探究的起点

好奇心是幼儿学科学的原动力。保护幼儿的好奇心,就是保护他们对科学的兴趣。当幼儿的问题受到重视,当幼儿的探索行为得到支持,他们的好奇心也就得到保护和满足。因此,我们主张鼓励幼儿提问,以幼儿的问题作为探究的起点,让幼儿在玩中学科学。在科学活动中,教师鼓励幼儿提问,认真对待幼儿的问题,为幼儿提供帮助并再次抛出新的问题,让幼儿不断获得科学新经验,在不断转换中循环往复,共探科学奥秘。

(二) 真环境——让幼儿在真实的环境中探究与体验

在科学活动中,幼儿不是被动接受知识,而是调动一切经验,主动建构知识。基于对幼儿学习特点的思考以及"大自然是最好的探究环境"的认识,我们主张让幼儿在真实的环境中探究与体验,充分利用各种自然资源,激发幼儿对周围事物的探究兴趣,发展多元探究能力。

(三) 真过程——让幼儿经历提问、计划、实验、交流的过程

幼儿科学活动的重要价值在于发展幼儿的科学思维,即用科学的方法思考

问题。幼儿在经历了提问、计划、实验、交流的过程后,在体验中获得属于自己的兴趣、经验、知识、能力。只有让幼儿经历完整的探究过程,才能实现玩中学科学的目标。幼儿科学教育不仅是为了让幼儿获取科学知识,更重要的是培养幼儿的科学思维,即通过寻求事实证据的方法来获取科学知识。科学的思维方式是幼儿探求多元知识、理解周围世界所必需的,是幼儿终身学习能力的重要组成部分。

三、创新突破

(一)科学教育理念的突破,从成人视角走向儿童视角

幼儿科学教育理念的突破带来了方法的突破,教师更关注幼儿的经验和需要,聚焦幼儿的真实问题选择探究内容,让幼儿在玩中生成科学知识,和幼儿一起玩科学,逐步由成人视角走向儿童视角。

(二)科学教育方式的突破,从为了幼儿发展走向基于幼儿发展

我们强调让幼儿在过程中解决问题,从注重"怎么教"走向注重"怎么学",不断审视成人立场对幼儿的原有认识,积极主动发现幼儿成长的力量。同时,我们基于儿童立场,思考科学教育的内容与方式,从关注教师预设走向幼儿经验习得,让幼儿在丰富多元的环境与材料中自主探究、主动建构、解决问题,将幼儿自发的探究兴趣引向富有教育意义的探究过程,实现幼儿主动学习与教师支持的有机统一。

四、设计要点

基于儿童立场的科学教育集体活动,需要我们在科学教育集体教学活动过程中,了解幼儿真正的问题是什么,探究如何凸显幼儿的自主性,让幼儿真操作、真探究。我们应聚焦核心问题,从内容选择、目标定位、环节架构、材料设计、师幼互动五个方面开展实践研究。

(一)内容选择关注儿童视角

明确了科学教育集体教学活动的价值和意义后,我们还有许多亟待解决的

问题,如:如何选择集体活动的内容? 探究式的学习更加开放,我们应在何时开展高结构科学活动呢? 教师如何倾听幼儿,关注幼儿的困难与需要? 如何支持幼儿,解读幼儿? 通过考虑以下关键因素,教师可以针对幼儿的特点选择科学教育集体教学活动内容,有效提高幼儿的学习效率。

1. 与幼儿实际生活链接,让探究有意义

美国著名的心理学家奥苏贝尔(David Paul Ausubel)提出"有意义学习",怎么判断是否进行了有意义学习? 影响学习的首要因素是什么? 答案是学习者的先备知识。也就是说,教学一定是建立在幼儿已有知识经验的基础上。学前科学教育集体教学活动的内容选择要准确定位,需要考虑幼儿的已知、未知、能知。结合幼儿的实际生活,将集体教学活动与幼儿的实际生活紧密结合起来,使幼儿能够直观地体验和理解科学知识。

2. 鼓励幼儿提问,将幼儿的问题作为探究的起点

幼儿对周围的一切事物充满好奇,我们需要将幼儿当下的问题作为探究的起点。在低结构科学活动中,我们需要鼓励幼儿对他们观察到的现象提出问题,接纳他们的问题并提供帮助,再抛出新的问题,组织幼儿在集体教学活动对问题进行讨论,通过动手操作获得新经验,师幼共探科学奥秘。

3. 考虑幼儿的年龄和学习特点

学前科学教育集体教学活动应选择适合幼儿学习特点的科学内容,确保幼儿能够理解和掌握。营造有趣的教学氛围,通过游戏、讨论等形式加强幼儿的参与性和互动性,结合图片、演示、课件等多种手段,使教学内容游戏化、情境化,易于理解。

4. 师幼共建深度互动

科学教育的集体教学活动,必须是通过集体讨论等形式挖掘其独特价值的活动,其内容是个别化学习不能替代的,这个过程中,师幼深度讨论,共同建构科学知识。

(二)目标定位关注多元整合

目标是开展教育活动的出发点。无论我们设计什么活动,都必须有明确的目标。目标为课程提供方向,在设计集体教学活动前,明确教学目标,确保活动

与教学内容相符。

1. 关注过程能力

我们在制定目标时,关注幼儿探究过程中的能力培养,如"观察岩石""根据自定标准对树叶进行分类""预测哪些物体放进水中会浮起来",明确过程导向的目标要求。

2. 关注多元整合

科学活动涉及多种科学过程能力,我们需要加以整合,培养幼儿的综合能力。过程导向的目标激发幼儿的科学探究兴趣,提升幼儿科学探究的综合能力,让集体教学活动价值最大化。

(三) 环节架构关注过程意识

教学设计是为目标达成服务的,教学活动结构与环节的设计,要有利于目标的实现,层层落实,环环紧扣,使教学目标转化为幼儿发展。

1. 环节设计关注逻辑性

活动方案设计应体现逻辑性。教师应围绕逻辑线索设计实验操作,让幼儿在不断推进的过程中体验发现的乐趣。探究从问题和猜想开始,猜想并不是胡思乱想,而是建立在日常知识积累和生活经验之上,再通过实验进行验证,体现活动设计的逻辑性。

2. 环节设计关注过程性

学前科学教育集体教学活动中,我们尝试让幼儿体验完整的探究过程。一个完整的科学探究过程包括提出问题—猜测讨论—实验操作—交流分享,让幼儿经历提问、猜想、实验、反思、发现的思维过程,循环往复,逐渐形成解决问题的思维路径,提升科学探究能力。

3. 环节设计关注延续性

幼儿科学能力的培养不应只局限于集体教学活动,更要延伸到一日生活的各个环节中。延伸活动是探究活动的有效延续,是保持幼儿科学探究兴趣的重要手段。

学前科学教育集体活动要从幼儿角度出发,凸显自主性,体现真操作、真探究。科学探究活动的设计要建立在对幼儿认知经验和实验经验分析的基础上,体现幼儿学习的特点,关注幼儿对科学探究过程的体验。

(四)材料设计关注结构思考

目前,科学活动常有两种误区:一是材料越多越好,二是材料越新越好。实际上,材料过多、过新会干扰幼儿的操作。

我们在准备科学探究活动材料的时候,需要注意材料之间有没有干扰性,材料是否对幼儿最终获得认识有帮助。

科学活动中,结构化的材料应是精心设计的,具有层次性的、内在逻辑性,能够揭示科学现象。这样的材料能够更好地实现教学目标,对幼儿科学经验的建构起到至关重要的作用。

(五)师幼互动关注科学素养

1. 设计开放性的探究问题

为了达成科学活动的过程目标,我们需要思考如何提出开放性的问题,并且给幼儿一些思考时间,培养幼儿积极思考的意识。

2. 关注幼儿的科学素养

在集体探究活动中,教师可以从两个方面回应幼儿,首先是关注过程能力的评价(观察、分类、测量、预测、推断、实验等),其次是科学态度的评价(兴趣、好奇好问、乐于表现等)。教师基于幼儿的活动情况,与幼儿充分互动,根据幼儿的发展水平选择不同的评价机制。

为了鼓励幼儿主动思考,教师的提问也需有技巧。"你为什么这么说?""告诉我们,你是怎么想到的?"这样的回应有利于培养幼儿的独立思考能力。

第二章

学前科学教育集体活动创新设计的路径及要点

依据建构主义学习理论,幼儿的学习是通过自主探究不断进行知识建构的过程。幼儿是学习的主人,按照自己的构想进行尝试和探索,进而习得新的知识。

科学教育集体活动无法完全由幼儿自主开展,但也不能完全根据教师的预设与安排来进行。教师需要在两者间获得平衡,既确保幼儿能自主地开展科学探究,又能不露痕迹地支持和引导幼儿。

面对当今科学启蒙教育的改变,科学启蒙教育的"学"与"教"必须重构。科学启蒙教育中教师面临活动"预设与生成"的问题,即改变自己的成人视角,从幼儿的兴趣出发设计活动内容。教师还面临"双向互动"的问题,即给予幼儿充分表达的机会,提升和拓展幼儿的经验。

内容选择的"两个基于"

一、挖掘资源——基于幼儿问题进行内容建构

科学问题是指向幼儿科学概念形成与科学经验获得的问题,包括科学认知问题和科学实践问题。科学问题承载着幼儿对科学的好奇心和求知欲。教师应珍视幼儿的问题,关注幼儿的生活,将幼儿生活中的问题,以及幼儿的兴趣和经验作为科学活动的内容来源。

(一) 来源于真实世界的问题

幼儿生活中蕴含着丰富的资源,给予幼儿走近自然的机会,鼓励他们运用各种感官去体验,进而产生"是什么""为什么""怎么会"等一系列科学探究的问题。

(二) 来源于幼儿的兴趣和经验

幼儿依据自己的兴趣和经验产生科学问题后,要有支持幼儿自主收集问题的方式,并能让同伴倾听、了解这些问题。如:采用电子录音设备,支持幼儿将自主发现的问题通过语音记录的方式保存下来;提供纸笔,让幼儿将自己的问题简单画出来;创设机会,让幼儿之间,以及师幼之间相互倾听与互动讨论。

(三) 来源于幼儿的科学关键经验

从幼儿的基本经验来看,幼儿科学教育的内容主要来源于幼儿周围的自然环境以及自然现象,包括植物、动物、沙、水、土、石、季节、天气等。从科学学科领域来看,幼儿科学教育的主题内容包括物理科学、生命科学、地球科学以及科学

技术四个方面。我们根据幼儿的基本经验,选择、生成了适合幼儿科学探究的活动内容。

幼儿科学探究活动的主题

领　域	一级主题	二级主题	三级主题
物理科学	物质	水、沙、土、石头、空气等	水娃娃漫游记、不一样的岩石等
	能量(常见的物理现象)	声、光、电、磁等	神奇的影子、有趣的磁铁等
	运动和力	摩擦力、推力、拉力、沉浮	小皮球滚起来、纸筒力量大等
生命科学	人体	我们的身体	跳动的心脏、身体里的洞等
	动物	动物	可爱的蚕宝宝等
	植物	植物	植物的力量、有趣的紫甘蓝等
地球科学	四季与昼夜	春夏秋冬、白天和黑夜	花园里有什么等
	天气	雨、雪、风等天气	气温变化等
	保护环境	垃圾分类	果皮的妙用等
科学技术	实用技术	现代技术	3D眼镜等
	交通工具	汽车、火车、飞机、船等	各种各样的车等
	简单机械	天平、齿轮、滑轮	比轻重等

二、精准定位——基于幼儿发展进行价值判断

(一) 探究内容的选择与判断

捕捉幼儿生活中的问题,建构有价值的科学探究内容,围绕问题开展自主探究式的科学活动。幼儿动手实践,在自主探究中建构知识。教师根据幼儿的发现与问题,合理地设计科学活动,依据不同的活动内容开展不同形式的探究活动,支持和优化幼儿自主探究的过程。

（二）探究内容的价值定位

科学教育活动内容的选择须关注幼儿学习经验，关注幼儿的已知、未知、能知，以适宜幼儿探究和发展。在一日活动中，这三者相互兼容，取长补短，在科学学科知识与幼儿学习经验之间取得平衡。

科学教育活动内容选择的三个要点

已知	幼儿已经知道了什么？对什么感兴趣？	幼儿现有的发展水平
未知	幼儿还想知道什么？我们想让幼儿到达哪里？	幼儿将达到的水平
能知	幼儿能够探究什么？幼儿之间是否有差异？有哪些差异？适宜采用什么样的教学方式？	将幼儿应达到的水平转换成现实水平

目标定位的"三个关注"

一、关注过程能力

判断科学活动是否有意义,目标定位很关键。

3—6岁幼儿科学教育的目标不是习得多少科学原理与科学内容,而是幼儿以亲历体验的方式自主建构科学探索的方法,在观察、比较、分类、测量、预测及推断等过程中提升科学探究的能力。

教师应以过程为导向,制定科学活动的目标,关注幼儿以亲历体验的方式自主建构科学探索的方法与经验,转变"重结果,轻过程"的观念,清晰分析幼儿的已有经验,遵循幼儿的学习规律,聚焦幼儿的活动过程,推进幼儿的学习挑战,让幼儿在集体教学活动中获得实质发展。

(一)找准科学活动目标中的动词

过程导向的目标就是通常所说的学习目标,《3—6岁儿童学习与发展指南》中指出:幼儿的科学学习是在探究具体事物和解决实际问题中,尝试发现事物间的异同和联系的过程。幼儿科学学习的核心是激发探究兴趣,体验探究过程,发展初步的探究能力。

在科学活动中,关注幼儿在活动过程中的成长经历尤为关键。教师应将幼儿体验到的科学方法与经验,如观察、比较、操作、实验等方法或解决问题的经验设定为活动目标,设计与实施高质量的科学活动。

找准科学活动目标中的动词,是制定过程导向目标的关键要素。

比如"不一样的岩石"的活动目标为"观察岩石的不同形态特征","有趣的叶子"的活动目标为"尝试根据一定的特征规律对树叶进行分类","沉与浮"的活动目标为"预测哪些物体放进水中会浮起来","神奇的影子"的活动目标为"尝试归纳在不同地点寻找动物影子的方法","装装乐"的活动目标为"感知同一容器内物体与物体间存在的空隙"。在这些科学活动目标中,观察、分类、预测、归纳、感知等词凸显了科学活动的价值与重点,是以过程为导向的活动目标的具体体现。

(二) 避免仅关注科学知识的获得

过程导向的目标能使教师关注科学过程中幼儿能力的提升。

比如,"有趣的磁铁"旨在引导幼儿对有磁性的物体和没有磁性的物体进行分类。原先目标为"识别有磁性的物体和无磁性的物体",仅关注科学知识的获得,经调整后的目标为"尝试根据磁性特征对物体进行分类",强调分类过程,活动重点从学习了解物体的磁性特点,转变为对物体进行分类。在分类的过程中,幼儿同样也能了解物体是否有磁性的科学知识,但目标更注重让幼儿利用磁铁探究物体的磁性,并依据磁性特征对物体进行分类。

将学习科学知识转变成幼儿学习和探究的过程,有效促进幼儿在掌握科学知识的基础上,提升科学探究能力。

二、关注多元整合

多元整合的科学活动能为幼儿获得真实发展打下基础。幼儿在对自然事物进行探究的过程中,不仅获得丰富的感性经验,而且能尝试观察、发现、比较、归类、排序、判断、推理等逻辑思维过程,逐步发展逻辑思维能力,为其他领域的学习奠定基础。

(一) 尝试集中于科学探究的过程能力

教师在设计科学活动时,应采取整合的方式,融合观察、比较、发现、猜测、实验、记录与表达等能力训练内容,激发幼儿科学探究的兴趣,培养幼儿科学探究的过程能力,让集体教学活动价值最大化。

比如,"有趣的漩涡"有两条活动目标,一是探索制造漩涡的不同方法,仔细观察并尝试记录;二是用完整的语言表述自己的发现。依据活动目标,幼儿在活动中不仅需要细致观察,还要将自己的观察记录下来,与同伴交流讨论。因此,活动"有趣的漩涡"可以发展幼儿观察、记录、交流等多种能力。

(二)深入思考目标制定的维度

《幼儿园教育指导纲要(试行)》指出幼儿园科学教育的目标:一是对周围的事物、现象感兴趣,有好奇心和求知欲;二是能运用各种感官,动手动脑,探究问题;三是能用适当的方式表达、交流探索的过程和结果。其中第一条是情感态度目标,第二条和第三条是方法技能目标。教师应从这些维度出发,基于幼儿年龄特点和发展水平,思考科学活动的价值,制定科学活动的目标。

比如"弹力大王挑战赛"原先的目标为:幼儿观察、比较和发现皮球弹力的有趣变化;幼儿感受和同伴一起游戏的快乐。该目标虽在一定程度上体现了科学活动的过程导向,但基于大班幼儿的发展水平,挑战性有所欠缺。因而,"弹力大王挑战赛"的目标调整为:幼儿仔细观察与比较,发现皮球弹高弹低的影响因素;幼儿尝试大胆、清晰地表达自己的猜测与发现。调整后的目标更关注大班幼儿思维和科学素养的发展。

1. 关注幼儿思维发展

活动目标"发现皮球弹高弹低的影响因素",引导幼儿探索影响皮球弹高弹低的相关因素,挑战逆向思维,培养幼儿思维的灵活性与变通性。

2. 关注幼儿科学素养

科学活动中用语言来表达自己的思维过程是一种挑战,也是幼儿需要学习的科学素养。活动目标重视让幼儿将自己的猜测、想法、思维过程表述出来,不断提升自己的语言表达能力和逻辑思维能力。

深入思考制定目标的三大维度：知识与技能、过程与方法、情感与态度，不仅帮助教师辨析活动中幼儿的发展经验与水平，还能提升目标的针对性与可操作性，实现"有意义教学"。

三、关注学习挑战

制定科学活动的目标时，教师要思考和把握的因素很多，其中有一点最容易被忽视，却会直接影响科学活动的质量与效果，那就是学习挑战。缺乏挑战性的目标往往存在活动难度定位不精准、对幼儿知识经验分析不到位、环节推进缺乏递进性、提问随意、回应偏离等问题。因此，在制定科学活动目标时，教师要分析幼儿的已有经验，掌握幼儿的学习规律，以过程为导向，推进幼儿的学习挑战，让幼儿在集体教学活动中获得实质发展。

（一）立足幼儿发展水平制定目标

依据《3—6岁儿童学习与发展指南》与《上海市幼儿园办园质量评价指南（试行稿）》，教师应熟练掌握不同年龄段幼儿在"探究与认知"等领域中不同水平的表现行为，立足幼儿发展需要及发展水平，根据活动重难点制定活动目标。

> "弹力大王挑战赛"原目标为"幼儿观察、比较和发现皮球弹力的有趣变化"。该目标虽具有一定的科学特质，但从活动效果来看，此目标对大班幼儿的挑战性不高。"弹力大王挑战赛"活动目标调整为"幼儿仔细观察与比较，发现皮球弹高弹低的影响因素"。
>
> 《3—6岁儿童学习与发展指南》指出，大班幼儿科学领域的发展目标之一为"能探索并发现常见物理现象产生的条件或影响因素，如影子、沉浮等"，教师可以此为依据，观察活动中幼儿对皮球弹性的探索过程和结果，了解幼儿在科学活动中解决问题的方式。

在科学活动目标制定的过程中，教师应善于分析，立足幼儿原有发展水平及学习需求，制定适宜的活动目标。

(二) 分析围绕目标开展活动的重点和难点

制定目标时,教师须明确活动的环节与价值,注重各个环节的关联性和完整性。科学活动环节一般分为以下几步:

第一,提出问题,引发幼儿的探究兴趣,激发幼儿的探究热情。

第二,大胆猜想,鼓励幼儿联系生活经验大胆猜想。

第三,操作实验,组织幼儿以行动验证猜想,寻求解决问题的方法。

第四,实证记录,引导幼儿梳理和分析过程中的发现和证据,并记录下来。

第五,互动交流,鼓励幼儿勇于表达并和他人交流想法。

第六,回归生活,拓展幼儿的生活经验,延伸活动的广度和深度。

适宜的目标为活动环节设计指明方向,同时活动环节的重难点又为活动目标锁定关键词,两者紧密联系,相互支撑。

比如:"弹力大王挑战赛"调整目标为"幼儿仔细观察与比较,发现皮球弹高弹低的影响因素"时,教师能以目标为指引,思考和梳理活动重难点,发现幼儿活动的挑战,以及活动环节的价值。活动第一环节调动幼儿对弹力的已有经验,第二环节则让幼儿尝试运用多种方法使皮球弹得高,第三环节让幼儿猜测并探索使皮球弹不起来的方法,发现材料与皮球弹力的关系,第四环节则引导幼儿探索材料改变与皮球弹力的关系,巩固新经验。

重新审视科学活动目标的制定,以过程为导向,关注幼儿以亲历体验的方式自主建构科学探索的方法与经验。教师分析幼儿的已有经验,掌握幼儿的学习规律,聚焦幼儿的活动过程,推进幼儿的学习挑战,让幼儿在集体教学活动中能获得实质发展。

第三节　环节架构的"四个原则"

　　幼儿园科学教育集体活动是教师专门组织的科学探究活动,有助于激发幼儿学习科学的热情,帮助幼儿积累初步的科学经验和科学探究的方法。我们提倡开展以过程为导向的幼儿园科学教育集体活动,给予幼儿充分的探索空间,关注幼儿的能力发展。

　　活动环节的设计是为活动目标的达成服务的。环节架构是支撑集体科学活动的"骨架",同时也是承载其教育理念的"主战场",结构与环节的设计,要有利于目标的层层落实。基于过程导向的科学活动框架设计,具有以下四大原则。

一、环节架构以目标为基础

　　环节架构需要关注科学集体活动的目标定位,让学习过程为实现核心目标服务。

　　科学集体活动"玩转声音"的活动目标为:幼儿观察、比较声音的高低与娃娃转动之间的关系,尝试验证自己的猜测;幼儿感受声音振动的趣味性。

　　活动目标的第一条强调让幼儿通过观察、比较的方式,验证自己的猜测,鼓励幼儿从观察、比较切入,通过猜测、判断、验证获得发现,继而调整自己的行为和方法。目标定位以幼儿为中心,让幼儿通过亲身体验的方式感受声音高低与娃娃转动之间的关系。教师围绕目标进行了以下活动架构的设计。

　　第一环节:经验回顾。呈现幼儿在低结构活动中的发现,大家进行交流和分享。

　　第二环节:探索发现。幼儿迁移已有经验,尝试利用声音的振动让娃娃跳动起来;尝试观察不同音高时娃娃的跳动情况;采用猜测判断—操作验证—尝试

31

调整—交流发现的探索环节,不断尝试。

第三环节:回归生活。拓展幼儿对声音振动现象的认识,激发幼儿进一步探究的兴趣。

在聚焦目标实施的环节中,幼儿迁移已有经验,利用猜测、观察、调整的探究方式感受声音与娃娃转动之间的关系。幼儿在探究过程中获得观察比较、交流分享、专注学习等科学素养的发展,充分体现了目标与环节的关联性。

二、环节架构关注逻辑性

(一) 问题情境设计应体现逻辑性

探究从问题和猜想开始,猜想并不是胡思乱想,而应建立在幼儿已有生活经验的基础上。比如大班科学活动"纸筒力量大",问题来源于幼儿个别化活动中对纸张的探究。教师提出探究问题:"不同形状的纸筒,哪种力量大?"幼儿通过实验了解到圆筒的承受力最大。当幼儿获得相关经验后,教师再次推进,询问幼儿:"圆筒能承受多少重量?""不同大小的空心圆筒的承重一样吗?"幼儿继续通过实验进行验证,体现了活动设计的逻辑性。

(二) 探究环节设计应体现逻辑性

例如,科学活动"有趣的漩涡"围绕一个逻辑线索设计三次操作,从发现漩涡到采用不同的方法制造漩涡,最后仔细观察并记录漩涡。在这个过程中,幼儿不断尝试,在不断推进的过程中体验发现的乐趣,提升观察记录的能力。

三、环节设计关注过程性

在基于过程导向的科学活动中,我们尝试让幼儿体验完整的探究过程。一个完整的科学探究过程大致经历提出问题、猜测讨论、实验操作、交流分享的阶段,幼儿可以从中体验猜测、发现和认识的探究过程。

以大班科学活动"滚进山洞"为例,呈现活动设计的过程性。

(一) 提出问题

幼儿真正的探究和学习都是从问题开始的,在以过程为导向的集体活动环节中,教师要鼓励幼儿提问,了解他们的兴趣点,帮助他们理清思路,确定探究主题。

在大班科学活动"滚进山洞"中,"认识这两个滚筒吗?""它们的形状有什么不一样?""哪个滚筒能滚进山洞呢?"这一系列问题不仅是对幼儿已有经验的回顾,更能有效激发幼儿进一步思考。"如何让滚筒不拐弯,也能直直地滚进山洞?"该问题激发幼儿学习的动力,让幼儿通过经验迁移,有目的的、有计划地去解决问题。"为什么有些滚筒能滚进山洞,有些不能?""两端大小不同的滚筒,会往哪里拐弯?""用了什么方法和材料? 做了什么改变?"这一系列问题能够反映幼儿的思维过程,让幼儿将自己的猜测、观察和发现用语言表达出来,不断提升自我的语言表达能力和科学思维能力。

(二) 猜测讨论

在确定了探究主题后,要让幼儿运用已有经验表达对探究问题的想法与猜测,并提出假设。

在活动"滚进山洞"中,当被问到"哪个滚筒能滚进山洞"时,幼儿可能会说:"薯片桶或纸杯。"这时候教师追问:"你是怎么想的?"此时,幼儿就会调动已有经验提出假想。当教师提问:"如何让滚筒不拐弯,也能直直地滚进山洞?"幼儿可结合材料操作进行小组讨论,从师幼间的互动,转变为幼儿间的互动,让讨论富有深度。

幼儿有了自己的假设后,才能在操作中对比新旧经验之间的不同,在已有认知结构与操作结果之间建立联系,并发展科学思维。

(三) 实验操作

操作是幼儿开展科学探究活动的基础,辅助幼儿获得相关经验。教师在以过程为导向的科学活动环节设计中,要给幼儿提供充分的实践操作机会,让幼儿在与材料的互动中尝试解决问题,不断修正原有的认知结构,检验已有的知识经验,从而获得新的认识。

比如在"滚进山洞"活动中,两次操作让幼儿通过猜测、讨论、操作等过程锻炼思维能力。活动的探究以设计与制作活动为主线,以五步法,即"提出问题—

头脑风暴—制订计划—制作实施—总结评估"开展实践研究,培养幼儿的思维能力。

(四) 交流分享

分享与交流是探究活动中必不可少的环节,幼儿将自己的观察发现用语言表述出来,锻炼思维能力。教师要给予幼儿充分表达的时间和机会,让幼儿充分展现自己的思维过程。

在活动"滚进山洞"中,有幼儿成功地让纸杯滚进"山洞",并向同伴有条理地介绍自己使用的材料和方法。

完整的科学探究过程让幼儿经历提问、猜想、实验、反思、发现的思维过程,形成解决问题的思维路径。

四、环节设计关注延续性

以过程为导向的集体活动关注幼儿在探索过程中的发展。幼儿科学能力的培养不应局限于集体教学活动,更要延伸到低结构活动中。延伸活动是探究活动的有效延续,是保持幼儿科学探究兴趣的重要手段。

例如大班科学活动"静电的力量"来源于低结构探索活动"摩擦起电",从对静电现象的感受,到运用静电让小鸟玩具变得好玩,再到静电在生活中的发明,这样的探究过程打开了幼儿视野,给幼儿埋下了科学发明的种子。

再比如在中班科学活动"有趣的紫甘蓝"中,教师引导幼儿发现紫甘蓝颜色的不同,引发幼儿对深色蔬菜的关注。在将紫甘蓝汁倒入饮料鉴别酸碱性时,教师继续引导幼儿思考:其他饮料是健康饮料吗?是不是所有紫色的蔬菜汁都能鉴别酸碱性呢?幼儿将集体教学活动中获得的经验迁移到低结构活动中,让探索活动得以延续。适宜的活动延伸环节可以拓展幼儿思维,增强幼儿的探究兴趣,激发幼儿科学学习的潜力。

基于过程导向的集体活动,从幼儿角度出发,凸显幼儿的自主性,体现真操作、真探究,关注幼儿对科学探究过程的体验,关注幼儿科学探究能力的培养。

材料是科学活动的灵魂,材料的有效使用能帮助幼儿感知材料的变化与科学现象之间的内在联系。科学活动中的材料使用应基于儿童立场,围绕活动重难点,有效支持幼儿科学探索活动的开展。

一、材料设计要指向目标重点和难点

(一) 基于目标重点设计材料操作的方法

科学活动中,幼儿通过操作材料进行实验探究,材料的设计与活动目标的达成有着紧密的联系。

　　大班科学活动"小小杂技师"是"我是中国人"主题下的活动,幼儿对中国杂技表演感兴趣,在低结构活动中模仿"顶碗"的游戏,教师利用该教育契机,生发了关于平衡探索的科学集体活动。活动重点是让幼儿不断探索"小鸟"的平衡点;难点是发现使"小鸟"保持平衡的方法。材料设计需要围绕目标重难点进行思考。

　　在操作过程中,幼儿们呈现出纷繁多样的手指使用方式,有的幼儿使用不同的手指(大拇指、食指等)顶"小鸟",有的使用不同的手指部位(指尖、指腹等)顶"小鸟",而且幼儿们手指的倾斜程度也不一样,有的幼儿甚至还让手指在抖动的情况下保持"小鸟"的平衡,有的幼儿还会不时调整手指方向。

本活动的目标是探索让"小鸟"保持平衡的支撑点而非探索让"小鸟"保持

平衡的支撑物。在幼儿探索的过程中,我们发现幼儿手指的动作较多,他们每次探索使用手指的方法都不完全一致。因此,为了减少实验的干扰因素,我们使用统一的、稳固的支架供幼儿进行操作。让幼儿在操作过程中积极寻找使"小鸟"保持平衡的点,探究的结果也更具科学性,同时便于幼儿观察与记录。

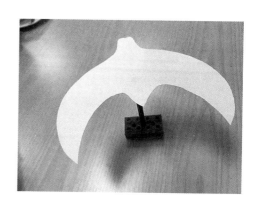

手指顶"小鸟"调整为支架顶"小鸟"

(二) 基于目标难点设计材料提供的数量

科学活动常常要求教师提供丰富的材料让幼儿进行操作与探索。材料是越多越好吗?回答是否定的。科学教育集体活动中的材料数量往往会影响操作的过程与结果,教师需根据活动目标确定材料数量,为活动重难点服务。

活动"小小杂技师"的目标难点是让幼儿探索使"小鸟"保持平衡的点。为了给予幼儿充分的探索空间,辅助材料(回形针)在数量上没有控制。幼儿 A 操作时不停地将所提供的回形针一个个夹在"小鸟"身上,直到操作时间结束;幼儿 B 拿起 3 个回形针夹好后,放到支架上进行尝试,"小鸟"倒下后,幼儿 B 继续在"小鸟"身上加回形针;幼儿 C 在"小鸟"翅膀上分别夹了 3 个回形针,放到支架上(偏离中线),"小鸟"倒了下来,幼儿 C 在翅膀上又分别加了一个回形针。

不难发现,幼儿将探索的兴趣放在了探索回形针数量与"小鸟"平衡的关系上,与活动目标不符。于是,在不影响幼儿探索的基础上,教师对回形针的数量进行了调整,将回形针限定为 2 个。材料调整后,幼儿充分探索如何使用 2 个回形针使"小鸟"保持平衡,操作的目的性更强,也更具挑战性。

二、材料设计要基于幼儿的需求

幼儿是带着自己的体验和认识进入学习状态的,材料的设计需要顺应幼儿的原有经验和水平,关注其发展的需求与潜能。

（一）不断调整材料,满足幼儿操作与探究的需求

1. 不断优化的"小鸟"

科学活动"小小杂技师"中的探索对象是"小鸟",我们不断根据幼儿的操作情况与需求进行调整与优化。首先,为满足幼儿探究中国杂技的兴趣,我们选用了物理实验室中的"平衡鸟",并以此作为幼儿操作材料的参考,保证材料的科学性。其次,为方便幼儿进行操作,我们选用了幼儿常见的纸质材料将"立体鸟"变成"平面鸟"。再次,为满足幼儿观察的需求,我们使用透明纸制作"小鸟",让幼儿能够清楚观察到保持"小鸟"平衡的点的位置,与同伴进行观察比较。

纸质"小鸟"

2. 精心选择辅助材料

回形针轻巧、使用方便,具有相同的大小、材质与重量,很适合作为探索平衡的辅助材料。本次活动,我们将回形针作为重要的辅助材料,应用于幼儿的平衡探索中。

（二）设计透明材料,满足幼儿观察与分享的需求

为了便于幼儿的操作与探索,我们的操作材料与记录材料在设计时均遵循直观性原则。

1. 操作材料可视化

幼儿在科学活动中通过观察提出问题、解决问题,所以可视化的操作材料能够支持幼儿的观察行为。

"小小杂技师"活动之初,幼儿使用白纸制作"小鸟",用黑色记号笔在保持"小鸟"平衡的位置上做标记;幼儿 A 与幼儿 B 比较时,幼儿 A 说:"我们的点差不多。"幼儿 B 说:"差一点点。"分享时,坐得离黑板较远的幼儿 C 则说:"我看不清楚回形针。"旁边的幼儿也表示看不清。

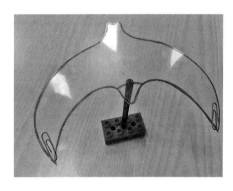

调整后的"小鸟"与回形针

为了让幼儿的观察、记录和表述更为明确,我们做了如下调整。

可视化调整一:"小鸟"透明化。让幼儿能够通过透明塑封纸直接观察到"小鸟"保持平衡的点的位置,用记号笔进行准确标记。

可视化调整二:回形针彩色化。与银色的回形针相比,彩色的回形针在"小鸟"身上的位置更加清晰,大家都能看得清楚。

2. 记录材料可视化

幼儿经常会在活动中用图画和符号记录他们的探究过程、发现或结果。通常我们会采用人手一份记录纸的形式让幼儿进行记录。我们是否反思过,这样的记录方式能否真正体现记录的意义,帮助幼儿建立事物间的联系呢?

在"小小杂技师"分享交流环节,幼儿的记录纸都被呈现在黑板上。有的幼儿记录了自己的几次发现,有的幼儿记录了实验是否成功,有的幼儿记录了回形针的位置。黑板上呈现的记录纸整体比较杂乱,分享时也无法面面俱到。

为了让记录便于聚焦观察与分享,我们对记录材料进行了调整:直接在"小鸟"操作材料上进行记录、摆放回形针,用记号笔在"小鸟"身上记录平衡点位置,真实呈现幼儿操作的结果与发现。不同的"小鸟"叠加在一起可以用来判断大家寻找的平衡点位置是否相同。

三、材料设计要支持幼儿的探究

科学活动所提供的材料需要基于幼儿的学习特点,支持幼儿进行持续性探究。

(一) 递进式内容设计支持幼儿持续的探究

教师开展科学活动的专业挑战是对科学原理核心经验的理解与把握。本活动中的挑战点是保持"小鸟"平衡的重心移动轨迹(在"小鸟"的对称轴上),对于幼儿的挑战便是如何不断根据平衡点位置的变化,调整回形针的位置。如第一次挑战是将平衡点放在"小鸟"头部,打破个别化学习活动中平衡点在中心点位置的已有经验;第二次挑战是将平衡点移到"小鸟"身上一些看似不可能保持平衡的位置上,借助工具让"小鸟"在这些点上保持平衡。

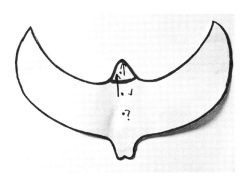

"小鸟"平衡点的移动轨迹

(二) 动态的板书支持幼儿观察与理解

1. 动态呈现科学逻辑主线

教师可通过板书帮助幼儿了解重心的移动轨迹,动态、直观地呈现平衡点的变化与回形针位置变化的关系。

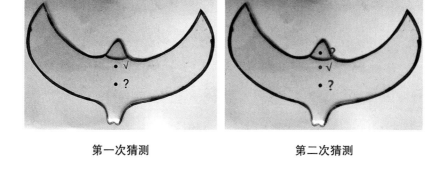

第一次猜测　　　　　　　　　　第二次猜测

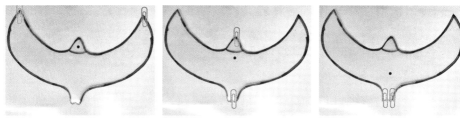

动态呈现平衡点移动的轨迹

2. 清晰呈现幼儿的过程性发现

分享交流时,教师将幼儿记录的平衡点位置进行分类,如平衡点记录在头部的"小鸟"归为一类,平衡点记录在肚子上的"小鸟"归为一类。这种可视化的记录与呈现方式,让幼儿能一目了然地进行对比与分析。

综上可见,幼儿园科学集体活动应充分考虑幼儿的年龄与学习特点,关注幼儿的探究需求,严格选择内容和材料,精心设计目标和环节。

师幼互动的"三个意识"
与"三个关键"

一、师幼互动中的三个意识

（一）师幼互动中的对象意识

对象意识是指在教学目标预设及其达成中，教师所秉持的儿童观。它要求教师观察、了解幼儿，尊重、倾听幼儿的想法与需求，根据幼儿的个体差异，采取多元的互动方式。

在大班科学活动"植物的力量"开展中，教师将全体幼儿制作的"植物的力量"调查表投屏展示，并进行引导性提问："最近，我们都在寻找植物的力量，谁愿意分享你的发现？"随后，教师用赞许的目光鼓励幼儿举手回答。当多数幼儿争相举手时，教师邀请部分幼儿进行了分享。

该活动环节中，教师直观呈现记录表，采用引导性提问，并给予幼儿充分的时间回忆和组织语言。不同幼儿存在认知、能力、个性等差异，当幼儿举手时，教师的鼓励激发了幼儿大胆表达。同时，教师用了"谁愿意跟大家分享你的发现"这样的教学语言，在幼儿群体中营造了平等、自由的互动氛围。以上都是教师对象意识的体现。

（二）师幼互动中的目标意识

目标意识是指人们对目标的重要性达到理性认识后所产生的一种心理意

向。它是思维的动力,能避免思维活动的盲目性,对活动进行有效调控。

在科学活动"植物的力量"中,教师以喷瓜为例引导幼儿感受植物的力量。以下摘录部分互动过程,说明在师幼互动中如何体现目标意识。

师幼互动过程	指向目标
你想了解哪些内容? (幼儿观察喷瓜图片后,进行自由提问。)	目标1:幼儿观察并感受植物生长的各种力量。
它叫喷瓜,它有什么力量呢? (幼儿根据画面线索,猜测喷瓜有何力量。)	
你们见过喷瓜吗? (激发幼儿的探索愿望。)	目标2:幼儿大胆表达自己的发现,对植物生长的奇趣现象有探究的兴趣。
出示喷瓜模型并猜测:"这么小的喷瓜,种子可以喷多远?" (引导幼儿猜想,并播放喷瓜视频,鼓励幼儿从视频中寻找答案。)	
观看喷瓜视频后提问:"你有什么发现?" (观看完视频,幼儿积极表达自己的发现。)	
幼儿充分表达后,教师予以肯定并重复提问:"到底它的种子可以喷多远呢?"	目标1:幼儿观察并感受植物生长的各种力量。
"当喷瓜成熟时,喷瓜内部的液体受到挤压,能将喷瓜的种子喷出十几米远,十几米到底有多远呢?" (教师拿出卷尺,现场测量。)	

教学目标是教学的出发点和归宿,是教学活动的灵魂。科学活动的目标指向幼儿科学核心素养的培养,体现"以幼儿发展为本"的价值追求,给予幼儿观察、猜测、验证的机会。教师通过重复关键问题、回看视频的方式,鼓励幼儿自主获取信息,提升科学素养。

(三) 师幼互动中的生成意识

保护幼儿的好奇心,就是保护他们对科学的兴趣。当幼儿的问题受到重视,幼儿的探索行为得到支持,他们的好奇心也就得到保护和满足。教师应接纳幼儿的问题,设计活动进行讨论,让幼儿获得科学经验。

　　大班科学活动"静电的力量"开始时,教师抛出问题:"关于静电,你们有什么疑问吗?"幼儿结合已有经验提出了很多问题:"为什么静电能吸起东西?""为什么静电有时候会比较大,有时候会比较小?""静电长什么样子?""为什么静电可以吸起小而轻的东西,不能吸起大而重的东西?"随后,教师选择了一些普遍性问题,自然过渡到大胆猜想和实验验证的环节。

预设是教师围绕教学目标而设计的教学环节,在教学过程中,教师会抛出一些预设问题,如:"关于静电,你们有什么疑问吗?"幼儿的回答则是生成性问题,是重要的教学资源。一线教师要树立生成意识,及时捕捉幼儿的生成性问题,巧妙利用生成性资源,提升幼儿的科学素养。

对象意识、目标意识、生成意识是建立积极、有效师幼互动关系的前提。

二、师幼互动中的三个关键

科学活动中影响师幼互动的因素有很多,如环境、情绪、经验、提问、回应、评价等,这需要我们思考如何设计真实的问题情境,基于幼儿发展需要进行回应。

(一)引发深度学习的问题情境

《3—6岁儿童学习与发展指南》中提出:幼儿科学学习的核心是激发探究兴趣,体现探究过程,发展初步的探究能力。因此,激发幼儿的科学探索兴趣成为科学活动的首要目标。

1. 导入环节创设问题情境

小班科学活动"泡泡乐"中,教师带着幼儿们一起认识了所有的材料后提问:"这些材料能吹出泡泡吗?"幼儿们大胆猜想,踊跃发言。这样的提问大大激发了幼儿的探究兴趣。

2. 重点环节多用开放提问

提问的方式一般分为封闭式提问、半封闭式提问和开放式提问。封闭式提问回答是或不是;开放式提问的答案是多样的,没有限制;半封闭式提问则有既定的答案,又能让幼儿发挥想象,回答出不一样的答案。例如在大班科学活动"有趣的漩涡"中,教师用了很多开放式的提问:"还有什么办法能变出漩涡呢?""怎么用最快的方法变出漩涡呢?""每个人的记录都不一样,你有什么不同的发现呢?"开放式的提问更能激发幼儿的想象力,让幼儿乐于观察、思考、探索。

3. 延伸环节关注可延续性

将获得的已知经验运用到生活中去,是科学探索的重要环节。在适当的时机,教师可以提出问题引导幼儿进行发散性思考。例如:在大班科学活动"滚进山洞"中,教师在延伸环节提问:"变细的滚筒能不能顺利滚进山洞呢?"幼儿们积极调动已有经验,猜测并验证问题的答案,锻炼了思维的灵活性。

总之,问题情境的设计能够激发幼儿的探索兴趣,推动幼儿的探究欲望,引发幼儿的深度学习。在实际教育教学活动中,如何基于儿童的视角设计适宜的提问,尚需不断实践与思考。

(二) 基于幼儿发展的多元回应

1. 有准备的回应——预想幼儿的回答

这里的"有准备"是指以活动目标为导向预设回应内容。科学活动"静电的力量"的活动目标:"幼儿仔细观察比较,发现摩擦产生静电,且静电有一定的吸附力;幼儿能大胆提问、猜测、推理、动手实验并尝试反思。"那么,教师就重点围绕引导"幼儿仔细观察比较"和引导"幼儿大胆提问、猜测、推理和反思"来展开。当幼儿说:"我发现大树叶不能被气球吸起来。"教师马上回应:"那么小树叶或树叶碎片呢?"这样的回应可以引导幼儿对两种材料进行对比。

2. 欣赏式回应——肯定幼儿的表现

当教师对幼儿的回答或行为表现出肯定、赞许或者激励的态度时,不仅能增强幼儿的自信心,而且能激发幼儿探索的热情。摸摸头、握握手、抱一抱、鼓鼓掌、竖大拇指、拍肩膀,这些真诚的肢体表达,就能传递鼓励。

3. 追问式回应——注重激发思考

对待幼儿的回答不能一味采用表扬称赞的反馈方式,教师应根据幼儿的回答进行追踪式提问,使问题有层次、有条理,便于幼儿理清自己的思路,进行更深的思考。例如,当幼儿感知静电有吸附力后都纷纷猜测静电能让"小鸟"动起来,教师追问:"你们觉得,如何才能让'小鸟'动起来呢?"让幼儿进一步猜想,并用实验验证自己的想法。

4. 修补式回应——完善幼儿表达

修补式回应是教师运用语言或行为对幼儿产生作用的过程,是帮助幼儿积累经验、丰富知识的有效途径。在科学操作后的分享交流中,有的幼儿喜欢直接动手操作,有的幼儿语言表达内容不太准确,有的幼儿表达方式不正确、不完整。此时教师可以顺应幼儿的思路,完善幼儿的语言,利用修补式回应,帮助幼儿完整清晰地表达自己的观点。

5. 互动式回应——培养幼儿能力

一次完整的科学活动,除了环节衔接顺畅,还应体现幼儿的主体地位。幼儿与同伴之间可以互相提问、解答、评价。教师应通过问题鼓励幼儿积极主动参与互动,培养幼儿自我评价的意识,提高幼儿学习的积极性。

(三) 关注幼儿差异的鼓励与评价

1. 营造平等、有爱的文化氛围

每个幼儿都渴望得到别人的赞赏。在活动"静电的力量"中,幼儿询问:"静电长什么样?"教师回应:"我跟你一样也想知道。"这样的回应没有直接告知答案,却肯定了幼儿提问的价值,鼓励幼儿自主探索。当幼儿猜测:"易拉罐太重了,所以吸不起来,静电一般看不见。"教师回应:"你的猜想有根据。"这样的回应让幼儿体验到了大胆猜测、推理的成就感。面对幼儿的提问和回答,教师可以用具体的、激励性的评价,激发幼儿对活动探究的兴趣。

2. 少一些结果性评价,多一些过程性评价

幼儿的探究能力表现为在解决问题的过程中综合运用各种方法的能力,包括观察能力、思考猜测能力、调查验证能力、收集信息能力、记录表征能力以及合作交流能力。例如在活动"有趣的漩涡"中,教师针对幼儿的过程能力给予评价,这些评价具体而直接,易于激发幼儿探究的兴趣,让幼儿在探究学习中获得成就感。

互动话题	幼儿表现	教师评价	指　向
今天我带来了一个新玩具,看看里面有什么。	有水,像沙漏一样。	你观察得真仔细。	观察能力
用手搓搓,你有什么发现?	水会流下来。	给他点掌声,如果声音响亮一点就更好了。	交流能力
谁能用不同的办法制造出漩涡?	我来,我来。	曾经有个小朋友,想出了6种办法,敢不敢接受挑战?	探究兴趣
有不同办法的朋友,说说你的发现。	幼儿操作结束。	我要表扬这一组,他们做完实验把桌面整理得干干净净的。	实验习惯
还有制造漩涡的不同方法吗?	幼儿们都抢着举手回答问题,其中一个男孩情不自禁地一边举手一边走了出来。	等同伴说完就请你,好吗?你要说的和他不一样哟!	学习习惯

教师的关爱与期望可以产生积极的效应,为幼儿参与科学活动提供动力。

3. 多一些等待和抛问

要尽可能地尊重幼儿,也要尽可能地提出坚定明确的要求。当幼儿对教师的理解有误时,教师要用准确、有针对性的评价引导幼儿。如"有趣的漩涡"中,幼儿围绕"怎么玩这个瓶子?"进行了讨论,有的说用画画的形式玩,有的说借助工具玩。教师进行了补充说明:"如果只用这种材料,不能借助辅助材料,你想怎么玩?"教师把问题重新梳理,抛给幼儿们。既打开了幼儿的思路,又聚焦问题,把幼儿拉回到话题讨论中。

因此,教师应充分考虑幼儿的身心发展水平、兴趣、爱好等特点,激发幼儿的探索欲望,发挥幼儿学习的主动性。

聚焦《上海市幼儿园办园质量评价指南(试行稿)》,我们需要构建积极双向的互动环境,更好地支持幼儿,改变师幼互动的方式,凸显幼儿的主体地位,让幼儿从被动的接受者转化为主动的参与者。

第三章

学前科学教育集体活动案例

幼儿的初始经验是幼儿科学学习的基础,也是幼儿今后科学学习的准备。在学习科学的过程中,幼儿应亲历探究的过程,有所实践、有所体验、有所启悟。

本章提供了 36 个 3—6 岁幼儿科学活动案例,每一个活动案例都由活动名称、设计思路、活动目标、活动准备、活动过程、活动提示、活动反思、奇思妙想和科学揭秘组成,凸显了活动设计的过程性。活动提示包含科学探究过程中的安全提示,以及科学探究活动的影响因素,为教师实施活动提供参考;活动反思呈现教师在活动后基于儿童视角的观察与调整;科学揭秘提供科学原理的解析。

小班科学领域集体活动案例精选

　　小班幼儿对周围的事物及其变化非常感兴趣,有着强烈的好奇心和求知欲,喜欢运用多种感官或动作去探索物体。

　　在设计组织实施小班科学教育集体教学活动时,我们更关注激发幼儿的探究兴趣,更关注幼儿的多感官体验。让幼儿亲身参与,获得直接的认知体验,感受科学探究的乐趣,乐意表达自己的发现。

一、活动"是谁的便便"

主题：小宝宝。

主题核心经验：认识身体。

科学知识与内容：发现不同动物便便的特征。

科学方法与能力：观察、比较、猜测。

（一）设计思路

便便，在幼儿眼中是非常有趣的事情。关于便便的图画书有许多，如《是谁嗯嗯在我的头上》《谁拉的便便》等，均以有趣的故事情节引导幼儿认识各种便便，满足其好奇心。人和动物都需要拉便便，便便与生活和健康息息相关。对于幼儿来说，学会正确看待便便与人体的关系，能更好地养成良好的卫生习惯。

内容选择贴近幼儿生活经验。幼儿对于便便的气味、形态等都有一定的生活经验。本活动对图画书中远离幼儿生活经验的内容进行改编，将幼儿不熟悉的动物调整为小鸟、小狗，力求每一个动物都贴近幼儿的生活经验，更易于小班幼儿观察、比较和表达。

活动过程设计关注幼儿的科学素养。图画书中的每一页画面都包含大小、颜色、形状等信息，在探索"是谁的便便"的过程中，引导幼儿通过仔细观察，比较不同动物的便便，发现其明显特征，提升初步的探究能力。从幼儿的经验出发，每一个提问都与其观察到的现象或生活相关。"这会是谁的便便？""你的便便是怎样的？""拉完便便，我们还应该做什么呢？"等问题轻松有趣、易于理解，幼儿可以大胆表述和交流。

（二）活动目标

幼儿仔细观察不同动物的便便，发现其明显特征。

幼儿对生活中常见动物的便便充满好奇，乐于大胆探索。

（三）活动准备

经验准备：幼儿阅读过关于便便的图画书《是谁嗯嗯在我的头上》，对图画书中出现的动物便便产生兴趣；幼儿了解生活中常见动物，如小狗、小鸟的便便；幼儿知道便便有臭味，观察过自己便便的形状等。

物质准备：设计常见动物（小狗、小鸟）和其便便的卡通图，动画演示 PPT，幼儿人手一份配对游戏操作板（小狗、小鸟、小兔、仓鼠、大象等动物和其便便的图片），2 分钟轻松欢快的音乐，1 块展示板。

小狗便便　　　　小鸟便便　　　　小兔便便　　　　仓鼠便便　　　　大象便便

动物与便便

（四）活动过程

1. 回顾关于便便的已有经验

（1）联系生活，鼓励幼儿说说自己的便便

分享：最近我们一直在聊有趣的便便，今天你拉便便了吗？

提问：拉便便的时候，身体有什么感觉？

你观察过自己的便便吗？

小结：我们每天都要吃东西，每天都会拉便便，便便虽然臭臭的，但是拉便便对我们的身体非常有好处。

（设计意图：从幼儿真实的生活经验入手，引出话题。鼓励幼儿分享关于便便的已有经验，如：拉便便时肚子会疼，便便的气味、颜色、形状等，每个人的便便都是不同的。）

（2）发散幼儿思维，引导幼儿说说"动物的便便"

分享：刚刚我们聊了自己的便便，那么动物们会拉便便吗？

提问：你看到过哪些动物的便便？是什么样的？

（出示小狗便便与小鸟便便的图片。）

提问：图上是谁的便便？是什么形状？

小结：你们观察得真仔细！每个动物都要拉便便，有的大、有的小，有的白、有的黄，有的长、有的圆……每个动物的便便都不一样，真有趣。

（设计意图：联系幼儿了解的关于小狗、小鸟便便的经验，引出"动物便便"的话题。聚焦"曾看到过的动物的便便"，发散幼儿思维，引导幼儿发现动物便便大小、形状、颜色的不同。）

2. 仔细观察比较"不同的便便"

（1）仔细观察：芝麻一样的便便和皮球一样的便便

观察：这两种便便有什么不一样？

（出示仓鼠便便与大象便便的图片。）

猜测：可能是谁的便便？

（出示仓鼠和大象的图片。）

提问：像芝麻一样的便便是谁的？说说你的理由。

像皮球一样的便便是谁的？说说你的理由。

小结：动物大大的，便便也大大的；动物小小的，便便也小小的。

（设计意图：让幼儿观察发现不同动物便便的明显特征，尝试归纳动物体型和便便的关系。）

（2）自主探索：不同动物的便便

游戏：找找是谁的便便。

（出示动物与便便的图片，提供游戏材料：小狗、小鸟、兔子、仓鼠、大象 5 种动物和其便便的图片，数量多于幼儿人数，可供幼儿多次配对。）

观察幼儿能否仔细观察、比较便便的不同之处，并发现其与动物体型的关系。

指导：鼓励幼儿大胆说说自己的发现，自主、有序地进行配对游戏。

交流：你找到了谁的便便？它是什么样的？

这是谁的便便？说说你的理由。

小结：我们身边有许多动物，它们的便便都不一样。

（设计意图：运用科学探究的思维引导幼儿建构仔细观察—大胆猜测—自主探索—发现交流的科学过程。先是通过仓鼠和大象这两种体型差异大的动物，引导幼儿自主发现动物体型和便便的关系，获得新经验；其次给予幼儿自主探索的空间，设计配对游戏，帮助幼儿巩固新经验，达成活动目标。）

3. 回归真实生活"拉完便便后"

呈现宝宝拉便便的过程图片。

提问：拉完了便便，还应该做什么？

家里宠物拉便便了，应该怎么办？

小结：拉好便便后要立刻擦屁股、冲水和洗手，我们都是讲卫生的好宝宝。

（设计意图：回归幼儿真实生活，帮助幼儿养成良好的生活习惯。同时针对小狗、小猫等常见家庭宠物的饲养习惯，引导幼儿爱护自然环境。）

活动延伸：通过问题"金鱼的便便是什么样？"引发幼儿的探究兴趣；在阅读区投放与便便有关的图书，如《谁拉的便便》《了不起的粪便》等，进一步激发幼儿探究其他动物（如牛、羊、鱼等）便便的兴趣。

（五）活动提示

在探索游戏中，教师应给予幼儿充足的游戏时间，同时在材料提供上，避免尖角等安全隐患。

（六）活动反思

活动"是谁的便便"让幼儿通过对动物便便的探索，仔细观察不同动物的便便，发现其明显特征，并对生活中常见的动物便便充满好奇，乐于大胆探索。

1. 活动亮点

回归幼儿的真实生活。幼儿对自己便便的气味、形态等具有一定的生活经验，教师借助这个话题能较好引导幼儿表达与交流，在互动中不断认识自己的身体，养成良好的生活习惯。

基于幼儿的真实体验。活动素材选取幼儿生活中常见的动物和它们的便便，这些内容基于幼儿真实体验，更易于幼儿观察、比较、探索和表达。

关注过程价值的活动设计。活动注重真实性、趣味性和可玩性，激发幼儿细致观察、大胆猜测、自主探索和发现交流。如引导幼儿自主发现"动物体型和便便的关系"，获得新经验；给予幼儿自主探索的空间，设计配对游戏，帮助幼儿巩固新经验。

2. 问题与改进

活动需进一步关注幼儿的真实生活经验。在"回顾关于便便的已有经验"的活动环节，教师可提供幼儿前期对自己便便观察后的记录表，激发幼儿回忆已有经验，还可提供幼儿园、家庭盥洗室环境的图片，让幼儿联系生活经验，发散思维。

活动内容选择应更关注细节，如：仓鼠与大象的大小比例要贴近真实生活，兔子与其便便的比例也要协调等。

（七）奇思妙想

生活中你还见过哪些动物？它们的便便是什么样的？便便冲走后，会去哪里呢？它有什么作用呢？

（八）科学揭秘

人和动物都需要拉便便,便便与生活和健康息息相关,可以反映肠道的健康状况。对幼儿来说,正确看待便便与人体的关系,能更好地养成卫生习惯。通过仔细观察、比较不同动物便便的差异,让幼儿萌发身体探索的兴趣。

（设计者：上海市嘉定区安亭幼儿园　沈雯霏）

二、活动"肚子里面长啥样"

主题: 苹果与橘子。

主题核心经验: 感知常见水果的特征。

科学知识与内容: 水果内部明显的特征。

科学方法与能力: 观察、比较、猜测。

(一) 设计思路

图画书《肚子里面长啥样》呈现了各种幼儿熟悉且常见的蔬果切面,蔬果被赋予了生命,用拟人化的方式呈现。该内容对小班幼儿来说比较新奇,更好地激发了小班幼儿观察和表达的兴趣。

图画书的内容与小班主题"苹果和橘子"的核心经验链接,体现了主题核心经验"能叫出各种水果的名称,感知它们明显的特征"。小班幼儿对于常见水果的认知经验比较丰富,但对水果内部特征的关注比较少。因此,该内容对小班幼儿来说,具有一定的挑战价值。

活动环节游戏化。基于小班幼儿的学习特点,活动以游戏的形式展开,让幼儿多感官参与、自主学习。活动选取了幼儿熟悉的水果,如西瓜和火龙果,让每个幼儿有话可说,大胆表达。

多感官参与给予幼儿多元体验。观察探究既是科学探究的第一步,也是幼儿常用的基础性探究方法。活动给予小班幼儿充足的观察时间,激发幼儿多感官参与,让幼儿在看一看、闻一闻、摸一摸、尝一尝的过程中习得科学知识。

鼓励幼儿积极表达与交流。本次活动关注个体差异,给予幼儿充分表达的机会,鼓励幼儿在游戏中大胆表达自己的观点,助推思维的发展。

(二) 活动目标

幼儿尝试观察猜测,运用各种感官进行探索。

幼儿喜欢水果,感受猜水果的乐趣。

(三) 活动准备

经验准备:了解常见水果的名称,吃过常见水果。

物质准备:自制照相机、PPT 课件、水果、自制图书等。

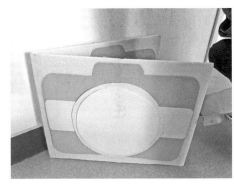

自制照相机　　　　　　　　　　　　猕猴桃

火龙果　　　　　　　椰子　　　　　　　自制图书

(四) 活动过程

1. 呈现水果图片,感受水果人物的有趣

提问:谁来了?(出示水果图片。)

小结:西瓜大叔、猕猴桃弟弟、火龙果妹妹,他们都是水果朋友,要跟我们玩游戏!

（设计意图：通过认识水果朋友加深幼儿对常见水果外形特征的认识,为游戏活动做铺垫。）

2. 游戏"猜猜这是谁的肚子"

出示自制照相机。（只要照一照,就知道肚子里面长啥样。）

（1）第一次猜

提问：这是谁的肚子？你喜欢吃西瓜吗？

猜西瓜

小结：这是西瓜大叔的肚子,西瓜大叔的肚子里红红的,还有一粒粒黑黑的籽。

提问：这又是谁的肚子？ 你还吃到过哪些颜色的火龙果？

猜火龙果

小结：火龙果肚子里的颜色不一样,不过籽都是小小的、黑黑的。

（设计意图：选择幼儿比较熟悉的水果,让幼儿在猜一猜的过程中初步感知水果的内部特征。）

（2）第二次猜

提问：这是谁的肚子？

猜猕猴桃 观察猕猴桃

小结：这是猕猴桃的肚子。虽然它和火龙果一样有黑黑的籽，但是它们的颜色、味道都不一样。

提问：这白白的肚子是谁的？

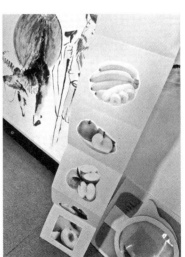

白白的水果肚子 自制图书

操作：这么多肚子白白的水果，到底是谁呢？

请幼儿们去闻一闻，尝一尝。

小结：原来是椰子弟弟的肚子。椰子弟弟的肚子里白白的，水甜甜的。

（设计意图：设计可抽取式大图书，从平面视角转为立体视角，吸引小班幼儿的兴趣。橙子很容易和橘子混淆，椰子肉的颜色和很多水果的颜色一样，如梨、苹果。在对水果进行选择和设计时，可以不断提高挑战难度。）

椰子

3. 图画书阅读，拓展经验

教师出示图画书《肚子里面长啥样》，请幼儿看看其他水果的肚子是什么样的。

（五）活动提示

在活动过程中，如果设计切水果的环节，需要对幼儿进行安全教育，注意教具的摆放，关注安全性。

建议现场倒椰汁给幼儿品尝，水果需要保持新鲜。

水果图片按实物比例进行准备，不要对幼儿观察造成干扰。

（六）活动反思

图画书《肚子里面长啥样》非常适合小班幼儿阅读，画面有趣，用拟人、夸张的方式呈现水果的内部。本次活动选取图画书中常见的水果，让幼儿观察水果的内部特征，在多元体验中感受乐趣，提升能力。

1. 活动亮点

基于小班幼儿发展需求设计活动。活动采用游戏的形式，让幼儿多感官参与,自主学习。在课件和教具的制作上,结合小班幼儿特点,运用 PPT、自制图书,从平面到立体的呈现方式,激发幼儿的观察兴趣。

仔细观察感兴趣的事物并发现明显不同是小班幼儿科学领域的目标,因此,活动选择不同水果的内部让幼儿进行观察和对比。有的水果内部颜色不一样,如西瓜和火龙果,有的水果内部颜色一样,如椰子和梨。活动中让幼儿多感官参与,在看、闻、摸、尝中发现水果的内部特征。

活动还关注幼儿的个体差异,给予幼儿充分表达的机会。如在猜一猜的游戏中,大部分幼儿都能大胆积极表达。

2. 问题与改进

需要进一步关注幼儿科学核心素养的发展。例如:在猜椰子的环节,椰子果肉的颜色和梨、桃子、荔枝等水果相近,建议进一步引发幼儿猜测,并借助生活经验进行联想,让幼儿摸一摸、尝一尝水果,多感官进行体验,发展幼儿的观察能力、表达能力。

(七) 奇思妙想

水果的肚子真有趣,那么蔬菜的肚子又有什么不一样呢? 一起去看看吧! 把你们的发现用绘画或者照片的方式记录下来。

(八) 科学揭秘

每种水果不仅包含果皮、果肉、果核等,还包含碳水化合物和维生素等营养物质,如果放大 1 000 倍,会有更奇妙的发现。

(设计者:上海市嘉定区教育学院　诸佩利)

三、活动"小橙子游泳"

主题：苹果与橘子。

主题核心经验：感知常见水果的特征。

科学知识与内容：水果在水中的沉浮现象。

科学方法与能力：观察、比较、猜测。

（一）设计思路

把不同状态的橙子放入水里可以发生有趣的沉浮现象，这对小班的幼儿来说特别新奇。

活动内容与小班主题"苹果和橘子"的核心经验链接，利用幼儿熟悉的水果开展科学活动，鼓励幼儿运用多种感官探索，激发探究兴趣，积累探究经验。

从活动设计的角度思考：水果的沉浮现象对幼儿来说既熟悉又陌生，该活动内容能有效激发幼儿的探究兴趣；在探究过程中，幼儿通过动手操作，探究水果的沉浮现象，如把橙子放入水中时，橙子先沉下去再浮起来，用手把橙子压下去还是会浮起来等。幼儿在体验、感知等过程中发展观察、猜想、表达等科学探究能力。

（二）活动目标

幼儿仔细观察，发现橙子在水里的沉浮现象，大胆表达自己的发现，感受探索的乐趣。

（三）活动准备

经验准备：对常见水果有一定的认知经验。

物质准备：橙子、水、透明塑料盒、一次性碗、桌子、毛巾。

橙子

毛巾

剥皮的橙子

幼儿人手一份操作材料

（四）活动过程

1. 橙子橙子我知道

出示橙子，请幼儿说一说。

分享：这是什么？它是什么样子、什么味道的？

小结：橙子圆圆的，闻起来香香的，吃起来酸酸甜甜的，我们真喜欢吃！

（设计意图：调动幼儿关于橙子的已有经验，为后面的探究活动埋下伏笔。）

2. 橙子橙子要游泳

（1）第一次操作

猜测：橙子宝宝想去游泳池游泳，它会游泳吗？请你试一试。

实验：每人拿一个橙子，轻轻地放到装水的盒子里，观察橙子在水里的沉浮状态。

（教师可以集体示范操作步骤。）

提问：你发现了什么？

（互动重点：教师可以根据个别幼儿的回答采用集体观察的方式进行验证。）

小结：橙子在水里会游泳，用手拨一拨橙子，它还会上下运动，太有趣了！

材料摆放

（2）第二次操作

猜测：（出示剥皮的橙子）又请来一个橙子宝宝，与之前的橙子有什么不一样呢？这个橙子宝宝也想去游泳，它在水里是沉还是浮呢？

探索验证：幼儿拿一个剥了皮的橙子，轻轻放到装水的盒子里，仔细观察橙子的沉浮状况。

分享发现：这次你们有什么新发现？

小结：穿了"衣服"的橙子宝宝就像套了游泳圈一样，会在水里浮起来，脱了"衣服"的橙子宝宝就慢慢沉下去了，真有趣呀！

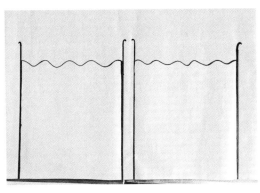

记录表　　　　　　　　　　　幼儿猜测浮沉情况

（设计意图：第一次实验积累了一定的探索方法与经验，第二次操作时幼儿会主动探索科学现象，并将两次的操作结果进行对比。）

3. 橙子橙子真有趣

探究：（出示剥了一半皮的橙子）又来一个橙子宝宝，和刚才有什么不一样？它会游泳吗？如果换成梨、苹果，它们在水里是沉还是浮呢？

小结：还有很多水果宝宝也想来游泳，我们带着它们去试试吧。

剥了一半的橙子　　　　　　　　　　其他水果

（设计意图：让幼儿猜测，剥了一半皮的橙子在水里会怎样？别的水果放在水里是沉还是浮？把水果放在盐水中，沉浮状态又会发生怎样的变化？拓展幼儿思维，探索生活中的浮沉现象。）

（五）活动提示

教师应提示幼儿在操作中把袖子卷高，以免弄湿衣服。游戏结束后，将剥了皮的橙子处理成植物角的肥料，没有剥开的橙子则让幼儿品尝。

（六）活动反思

活动内容与幼儿生活相结合，活动形式符合幼儿的学习特点，幼儿在活动中主动参与，积极思考。

1. 活动亮点

（1）幼儿在观察—发现—主动探索—主动表达—再次探究中，对科学探索活动产生浓厚的兴趣。

（2）从教师"教"到幼儿主动"学"，幼儿通过自主操作，获得经验。

（3）幼儿主动表达自己的发现，在操作中自主建构经验，并将经验迁移到生活中，自主探究不同水果在水里的沉浮现象。

2. 问题与改进

幼儿每次操作都要来回走动，在频繁走动时出现对探究结果的遗忘。我们可以和幼儿一起坐在地毯上围成圈进行操作，让幼儿的表达可视化。

（七）奇思妙想

有皮的橙子会在水里游泳，苹果、梨……也会游泳吗？一起去试试看吧！

（八）科学揭秘

橙子果肉所受的浮力小于整个橙子所受的浮力，远远小于其所受重力，所以剥了皮的橙子会下沉。果皮和果肉之间有空气缝隙，所受的浮力大于两者的重力，因此未剥皮的橙子会漂浮在水面上。

（设计者：上海师范大学附属嘉定幼儿园　王晓羽）

四、活动"弯弯乐园"

主题: 我的幼儿园。

主题核心经验: 乐于参加集体活动。

科学知识与内容: 物体的外部特征。

科学方法与能力: 观察、比较、猜测、交流。

(一) 设计思路

图画书《弯弯线,变变变》从线条出发,呈现了许多弯弯线变成的朋友,幼儿在不断发现、探究的过程中产生强烈的探究兴趣,感受活动的快乐。

活动素材源于幼儿生活,如:好吃的(香蕉、茄子),好看的(头箍、手镯),好用的(雨伞、S 形挂钩),好玩的(手环)等。教师应让幼儿仔细观察,发现弯曲的物体的特征,并不断鼓励幼儿大胆表达。

一是关注多感官体验。小班幼儿应"能用多种感官或动作去探索事物",活动从阅读出发融合乐园情境,从静态到动态,层层递进,不断给予幼儿挑战。

二是关注生活。活动提供充足的操作材料,引导幼儿观察与发现,表达与探究,充分激发探索兴趣。

(二) 活动目标

幼儿细致观察,发现弯弯的物体的特点。

幼儿对弯弯的物体感兴趣,并能大胆表达自己的发现。

(三) 活动准备

经验准备:幼儿自主阅读过《弯弯线,变变变》图画书。

物质准备:香蕉、丝瓜、黄瓜、茄子;眼镜、头箍、手镯;有耳朵的杯子、弯柄雨伞、晾衣架、S 形挂钩;啪啪圈手环;尺、铅笔;课件、桌子、移动衣架等。

(四) 活动过程

1. 走进弯弯乐园

导入：最近我们一起看了《弯弯线，变变变》的故事，你们发现了哪些弯弯线变成的弯弯朋友呢？

提问：弯弯线继续往前走啊走，变出了许多弯弯朋友藏进了弯弯乐园，你们能找到吗？

小结：弯弯乐园里的东西都是弯弯的，真好玩。

弯弯乐园

(设计意图：以阅读分享作为活动导入，让幼儿分享关于弯弯的个体经验，其次融合弯弯乐园的情境，引导幼儿细致观察画面，初步感受弯曲的线。)

2. 游戏中感受弯曲

游戏要求：把弯弯的朋友找出来，和小伙伴一起玩一玩。

音乐结束，选一个最喜欢的弯弯朋友带回椅子上。

观察重点：幼儿能否找到弯弯朋友，他们是对物品本身感兴趣还是对摆弄感兴趣？幼儿在操作时能否大胆、清晰讲述弯弯的价值？(如：好吃、好玩、为生活提供便利等。)

提问：你们找到了哪些弯弯朋友？它的弯弯在哪里？

追问：这个弯弯有什么用呢？

小结：弯弯的朋友里有好吃的、好看的、好用的，欢迎它们住进弯弯乐园，弯弯乐园越来越热闹。

(设计意图：幼儿通过自主观察、探索、发现弯弯的物体的基本特征。)

3. 做做变变

猜测：你能让自己的身体变弯吗？

提问：你是怎么变弯的？

追问：还能让身体其他部位变弯吗？

小结：身体变一变也可以是弯弯的，弯弯太有趣了。

(设计意图：在做做变变的游戏中，鼓励幼儿大胆表达，尝试用自己的身体呈现弯曲的造型。)

4. 活动延伸

我们再去美丽的幼儿园里找一找，让更多的弯弯朋友住进弯弯乐园吧。

(设计意图：将活动延伸到低结构活动中，引发幼儿对弯弯的物体产生进一步探索的兴趣。)

(五) 活动提示

本次活动的材料应选择有弯曲弧度的物品。活动中，教师应注意物品的安全性，从安全的角度考量材料的选择。

(六) 活动反思

本次活动以阅读分享导入活动，融合了弯弯乐园的情境，体现科学集体教学活动的价值。

1. 活动亮点

(1) 内容选择有趣。每个幼儿能积极投入科学活动，不断观察、思考、表达，情绪愉悦。活动从静态到动态，体现幼儿的探究过程。

(2) 材料投放巧妙。实验材料分为弯的和直的两种类别。弯曲的材料又分为好吃的(黄瓜、茄子、丝瓜、香蕉),好看的(眼镜、头箍、手镯),好用的(有耳朵的杯子、弯柄雨伞、晾衣架、S形挂钩);直的材料分为不可变的直(铅笔、尺)和可变的直(啪啪圈手环)。

2. 问题与改进

在找弯弯的环节中,教师需要给予幼儿更多的观察和表达的机会。如当幼儿发现茄子也是弯弯的时,教师可以引导幼儿进行细致观察,找一找茄子身上有哪些部位是弯弯的。

(七) 奇思妙想

弯弯还有哪些作用呢? 我们再一起去观察、发现、交流吧!

(八) 科学揭秘

在日常生活中,我们常能看到弯弯的物体,比如弯弯的香蕉、弯弯的头箍、弯弯的伞柄等,这些弯弯的物体有共同的弯曲特征。

(设计者:上海市嘉定区桃园幼儿园 朱敏燕)

五、活动"小皮球滚起来"

主题：我的幼儿园。

主题核心经验：乐于参加集体活动，体验与教师、同伴一起活动的快乐。

科学知识与内容：推力大小影响皮球滚动的距离。

科学方法与能力：观察、操作、交流。

（一）设计思路

小班幼儿喜欢玩滚皮球游戏，教师通过设计活动引导幼儿发现控制皮球滚动距离的方法，激发幼儿对生活中有趣现象的探究兴趣。

一是遵循小班幼儿的认知特征，让幼儿在玩中感受科学与游戏的快乐。此次活动为幼儿创设了一个有趣的滚皮球游戏情境，激发小班幼儿在游戏中探索皮球滚动的秘密。

二是关注行动与思维的差异性，从无控制用力到有目的控制用力。活动分别设置了两个目标距离，鼓励幼儿尝试运用手部力量将皮球滚到指定的目标区域。第一次游戏帮幼儿积累了用力大能滚得远的经验。第二次游戏让幼儿尝试控制手部力量让皮球滚到较近区域。

三是关注科学活动的生活性，从生活中发现科学再将科学运用到生活中。活动的材料和内容都来源于生活，幼儿通过探索发现手部力量大小与皮球滚动远近的关系，将这些经验应用到运动活动中，体现科学活动的价值。

（二）活动目标

幼儿尝试用不同大小的力气滚皮球，感知手部用力不同，皮球滚动的距离也不同。

幼儿愿意与同伴一起玩滚球游戏，体验滚皮球的快乐。

(三) 活动准备

经验准备：幼儿会玩滚皮球，了解一些简单的游戏规则。

物质准备：垫子、箭头、起点线、围栏、皮球、斜坡。

皮球　　　　　　　　　运动垫子　　　　　　　　　斜坡

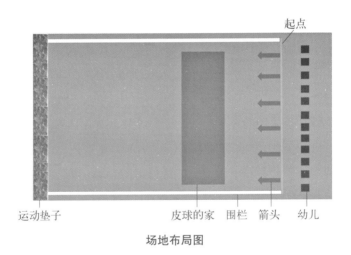

场地布局图

(四) 活动过程

1. 看谁滚得远

(1) 出示皮球

提问：你能让圆圆的皮球向前滚吗?

(2) 介绍场地布局

操作要求：每个幼儿拿一只皮球,沿着箭头的方向往前滚,看看谁能把皮球顺利滚到垫子上。

（3）幼儿滚皮球

提问：你的皮球滚到垫子上了吗？

　　　力气怎么能变得大一点呢？

小结：两只手往前推的力气越大，皮球就滚得越远。

（设计意图："看谁滚得远"的游戏既满足了幼儿滚皮球的兴趣，又推动他们探索如何让皮球准确滚到目标区域。）

2. 皮球回家

小皮球要回家了，皮球的家和垫子相比，距离你是近了还是远了？

从起点出发，把皮球滚进家，我们要用多大的力气呢？

（1）幼儿操作

提问：谁的皮球没回家，为什么？

　　　有的皮球为什么没到家？

　　　怎样让皮球正好滚到家里呢？

（2）幼儿再次尝试（改变目标区域的范围，提高难度。）

小结：要把皮球正好滚进家里就要控制滚球的力气，力气太大或太小都会失败。

（设计意图：请幼儿观察两个目标区域的距离，引发幼儿思考，该用多大的力气将皮球准确滚回家？教师可以鼓励幼儿大胆表述自己的发现。）

3. 皮球滚下来

（1）出示斜坡

要求：这次我们把皮球拿到桥上试一试，从起点开始，看看皮球自己能滚多远。

（2）师生共同游戏

提问：我们没有用力，为什么皮球也能滚得远呢？

（设计意图：让幼儿体验不用力也能让皮球滚动，感受斜坡的作用。）

（五）活动提示

皮球滚动的范围较广，场地四周可用围栏围住，方便幼儿取放。

（六）活动反思

1. 活动亮点

（1）内容与材料的选择来源于小班幼儿的游戏。本次活动将幼儿熟悉的滚皮球游戏作为探究内容，体现了科学探究活动的生活化。

（2）科学活动融合在户外运动中，围绕幼儿的兴趣，关注幼儿的内心体验。幼儿在一次次的尝试中，发现想要球滚得远就要用大一点的力气，想要球滚得近就要用小一点的力气。

（3）难点的转化要形象、有效。小班幼儿很难用语言形容力的大小，所以教师应借助动作帮助幼儿区别力的大小，巧妙化解难点。在活动现场，很多幼儿通过观察手部动作来体会力的大小，大家边做动作边用语言表述自己力气的大小。

2. 问题与改进

目标区域过近或过远，都会影响幼儿对力的感知。建议教师在游戏中先观察幼儿滚球的距离，然后确定目标距离，让幼儿更好地感受两种不同距离所需的力的大小。

（七）奇思妙想

你还有多少种滚皮球的方法呢？如果用很大的力气滚球，皮球会滚多远，会不会停下来？我们可以和好朋友一起试一试。

（八）科学揭秘

皮球在没有外力的情况下保持静止状态。当向皮球施加一定外力时，皮球就改变原本的静止状态往前滚动。当施加的外力越大，皮球滚动的距离越远；当施加的外力越小，皮球滚动的距离越近。

（设计者：上海市嘉定区菊园幼儿园　吴　芸）

六、活动"好玩的海绵小球"

主题：我的幼儿园。

主题核心经验：体验快乐，愿意与大家一起玩。

科学知识与内容：感知海绵的明显特征（有弹性）。

科学方法与能力：观察、动手探索、猜测。

（一）设计思路

小班幼儿活泼好动，会积极运用感官探索新鲜事物。本次活动中，幼儿通过摸、看、玩等方式，感受海绵球的特性。在游戏式的探究活动中，幼儿自己去操作，去探索，从而提升探究能力，培养科学素养。

《3—6岁儿童学习与发展指南》指出，要让幼儿在探究中认识周围事物和现象，能感知和发现简单的物理现象。本次活动关注幼儿探究的过程体验，鼓励幼儿运用多种感官，通过提问、观察、猜测等方式，激发探究兴趣，了解周围事物的明显特征。

本次活动联系小班幼儿的生活经验，引导幼儿观察、感知海绵小球的特性，并能大胆表达自己的发现。活动第一个环节是认识海绵小球，重点是让幼儿进行多感官体验。第二个环节让幼儿在游戏中感知海绵小球的弹性，激发幼儿对活动的探索兴趣。

（二）活动目标

幼儿运用多种感官探索，初步感知海绵的弹性。

幼儿愿意用简单的语言说说自己的发现。

（三）活动准备

经验准备：幼儿玩过海绵或类似材料。

物质准备：海绵球、密封罐。

海绵球

密封罐

(四)活动过程

1. 认识海绵小球

看一看,摸一摸,初步感知海绵的弹性。

提问:海绵小球真好玩,说说你的发现。

小结:海绵小球软软的、有弹性。

2. 海绵小球躲猫猫

(1)躲起来——藏在身上

猜测:海绵小球可以藏在哪里?

游戏:鼓励幼儿将海绵小球藏在身体的不同地方。

分享交流:让我们来找找,海绵小球藏在哪里了?

小结:海绵小球软软的,有弹性,可以藏在很小的地方。

(2)躲起来——藏进罐子里

猜测:这里有很多罐子,你们觉得海绵小球能藏进去吗?可以藏几个海绵小球?

游戏:观察幼儿的动作,引导幼儿观察海绵小球装进罐子后的变化。

交流:海绵小球可以装进罐子吗?装进去几个?

小结:海绵小球有弹性,我们用小手压一压,挤一挤,可以把海绵球变小,罐子里可以藏很多。

（3）海绵小球出来吧

猜测：这么多海绵小球藏在一个罐子里，都变小了。现在它们想出来啦，会不会变回原来的样子？

小结：海绵小球有弹性，还能恢复成原来的样子，有弹性的东西太神奇了！

（设计意图：幼儿在藏小球、放小球的游戏过程中反复体验小球的弹性特点。）

3. 活动延伸

提问：海绵不仅有弹性，还有其他本领呢，你知道吗？

引发猜测：如果把海绵小球放在水里会有什么变化？

延伸活动：到区角玩一玩，看看海绵小球放到水里会发生什么变化。

（五）活动提示

1. 在选择材料时，需要考虑海绵小球与罐子的大小比例，建议选择能装5—6个海绵小球的透明罐子，让幼儿一边玩一边数小球的数量。

2. 幼儿围坐在一起，活动氛围自由宽松。为了防止幼儿取放材料以及投票时发生拥挤现象，建议将材料分别放置在后面的桌子上，让幼儿围坐在桌子边操作。

（六）活动反思

小班科学活动"海绵小球"是一个有趣好玩的科学探究活动，聚焦幼儿科学兴趣的培养。

小班幼儿对周围的事物及其变化非常感兴趣，有强烈的好奇心和求知欲，喜欢运用多种感官和动作去探索物体。教师应善于保护幼儿的好奇心，引导小班幼儿通过直接感知、亲身体验和实际操作的方式参与科学探究活动。

1. 活动亮点

（1）幼儿用照片记录自己的猜测，教师用照片投票以及板书互动的方式，让幼儿的思维可视化。

（2）幼儿围坐在一起，活动氛围自由、轻松，拉近了师幼之间的距离。活动中幼儿有充分的表达机会,能围绕教师提出的问题自由地表达表现。教师的回应与小结应便于幼儿理解,不宜生涩、枯燥。

2. 问题与改进

建议分享时,教师应关注幼儿的猜测,请有不同想法的幼儿表达自己的发现,并说一说理由,训练幼儿的思维能力。

(七) 奇思妙想

生活中还有很多物品是由有弹性的海绵制作的,例如:妈妈化妆的海绵,洗澡的泡泡海绵等,鼓励幼儿找一找生活中的海绵制品,以及有弹性的物体,联系生活感受海绵以及有弹性的物体在生活中的应用。

(八) 科学揭秘

直尺、橡皮筋、撑竿等在受力时会发生形变,不受力时恢复到原来的形状,物体的这种性质叫作弹性。生活中很多物体有弹性,例如:皮球、海绵块、海绵枕芯、棉花、沙发、床垫等。这些物体发生弹性形变的幅度不同,有的很明显,有的肉眼不易看见。

(设计者:上海市嘉定区教育学院　诸佩利)

七、活动"泡泡乐"

主题： 好玩的水。

主题核心经验： 体验水真好玩。

科学知识与内容： 归纳吹泡泡工具的典型特征。

科学方法与能力： 仔细观察、猜测、用动作探索。

（一）设计思路

泡泡是幼儿们的最爱，他们喜欢用泡泡器、泡泡水变出泡泡来。本活动进一步满足了幼儿玩水、吹泡泡的兴趣。

《上海市幼儿园办园质量评价指南（试行稿）》中指出，幼儿科学探究领域的表现行为有"喜欢摆弄各种物品，好奇、好问""能仔细观察自己感兴趣的事物，发现其明显特征""能运用多种感官或动作探索事物，对结果感兴趣"。吹泡泡活动中，幼儿在猜测、尝试验证中探索吹泡泡工具的明显特征，大胆表达自己的发现，发展科学探究能力。

本次活动的材料设计需要精准链接幼儿的新旧经验。本次活动中，提供的材料有方形洞洞的磁力片玩具、没有镜片的眼镜框、有镜片的眼镜、手柄处有封闭圆形的梳子、扭扭棒。这些材料具有以下几个特征：（1）是幼儿日常生活中熟悉的材料；（2）几种探究材料（全封闭的洞洞、半封闭的洞洞、没有洞洞）隐含新的探究问题，支持幼儿获得新经验。

活动从观察生活中熟悉的物品导入，让幼儿有目的地猜测、充分探究和反思交流，进而发现吹泡泡工具的明显特征，产生进一步探究的兴趣。

（二）活动目标

幼儿仔细观察，探索发现吹泡泡工具的明显特征。

幼儿尝试大胆表达自己的发现，体验吹泡泡的乐趣。

(三) 活动准备

经验准备：幼儿有吹泡泡的经验，对活动材料比较熟悉。

物质准备：有方形洞洞的磁力片玩具，没有镜片的眼镜框和有镜片的眼镜，手柄处有封闭圆形的梳子，扭扭棒，泡泡水。

(四) 活动过程

1. 观察猜测

引导分享：昨天，我们用圆形、星形的泡泡器吹出了圆圆的、彩色的泡泡，真好玩。

引导观察：一起来看看，今天有些什么材料？

| 磁力片玩具 | 眼镜框 | 眼镜 | 手柄处有圆洞的梳子 | 扭扭棒 |

引发猜想：我们能用这些材料吹出泡泡吗？

物品				
幼儿 A	✔	✔	✘	✘	✔
幼儿 B	✔	✘	✘	✘	✘

表格呈现幼儿的猜想

（设计意图：幼儿分享自己吹泡泡的经验，教师呈现新材料，引发幼儿猜想：不一样的材料是不是也能吹出泡泡？同时借助符号，记录幼儿的猜想，让幼儿的想法可视化,激发幼儿的探究兴趣。)

2. 操作发现

(1)第一次探究

明确要求:仔细观察,看看哪些材料能吹出泡泡。

幼儿实验操作表

物品					
猜一猜					
动动手					

自主探索:幼儿自主操作材料,找到能吹出泡泡的材料,教师重点关注幼儿的操作习惯、卫生习惯等。

提问:你发现了什么? 和刚才猜的一样吗?

猜测:为什么有的可以吹出泡泡,有的吹不出泡泡呢?(引导幼儿尝试观察比较。)

小结:材料上有围起来的洞洞,就能吹出泡泡。

过渡:(出示扭扭棒)有人可以吹出来泡泡,有人却不能,这是为什么?

(2)第二次探究

引导猜想:你想用什么办法吹出泡泡呢?

幼儿自主探索,教师重点观察幼儿使用的方法,以及获得的发现与结果。

提问:你用了什么办法?

小结:你们很会动脑筋,把扭扭棒变一变,变成小圈圈(大圈圈),泡泡就吹出来了。

(设计意图:共有两次探索,第一次探索让幼儿带着猜想,验证不同形状特征的吹泡泡工具是否都吹出了圆圆的泡泡。在这个经验基础上,引发幼儿进一步思考,怎样让直直的扭扭棒也能吹出泡泡?)

3. 观看视频

延伸活动:用扭扭棒吹泡泡,能吹出很多泡泡吗? 有什么办法呢?(观看扭扭棒吹泡泡的视频。)

(五)活动提示

吹泡泡容易在桌面、地面留下泡泡液,有安全隐患,教师提供材料时,要提供抹布、餐巾纸等用品让幼儿擦拭;同时,教师提供的泡泡液不宜太多,合理安排幼儿操作的空间,避免拥挤。

(六)活动反思

幼儿通过仔细观察和多次动手尝试,探索发现能吹出泡泡的材料的明显特征,并体验玩水和探究的乐趣。

1. 活动亮点

(1)本次活动的目标是:"幼儿仔细观察,探索发现吹泡泡工具的明显特征。"幼儿操作后,教师提出关键问题:"你发现了什么? 和刚才猜的一样吗?"组织幼儿就刚才的实践操作进行交流,在原有零散经验的基础上,梳理"无论什么形状的孔洞都能吹出泡泡"的经验。

(2)运用原有经验解决问题,这是深度学习的特征。在所有材料中,扭扭棒是没有洞洞的材料,在新的问题情境下,幼儿运用已有经验不断尝试,互相模仿,把扭扭棒拧成各种形状,变出洞洞,吹出泡泡。

2. 问题与改进

在交流讨论中,当幼儿表达有困难时,教师可以用动作引导、对比观察、词汇支持等方式,帮助幼儿自主发现和表达。

(七)奇思妙想

好玩的泡泡可以变成艺术品吗?用泡泡水来绘画创作,会有不一样的发现呢!

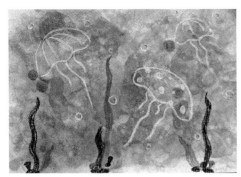

泡泡绘画作品与材料

(八) 科学揭秘

　　形成泡泡的原理比较简单。液体内部分子之间存在着力,而在气液界面,这种力表现为引力,即表面张力。当我们把空气吹进水膜中时,水膜鼓起,到一定体积(通常超过半球)时,开口会在表面张力的作用下合拢,形成气泡。

　　　　　　　　　　　　(设计者:上海市嘉定区安亭新镇第一幼儿园　王　婷)

八、活动"有趣的玉米"

非主题。

核心经验：感知玉米的特征。

科学知识与内容：玉米的各种特征。

科学方法与能力：观察、猜测。

(一) 设计思路

《3—6 岁儿童学习与发展指南》中指出，让幼儿"在探究中认识周围事物和现象"，教师要选择常见的具有代表性的动植物，作为幼儿探究和认识的对象。

一次午餐中，幼儿们吃的是五彩饭，多数幼儿喜食彩椒，部分幼儿把玉米粒挑出来，也有幼儿把玉米粒黄色的外衣吐出来。因此，教师希望借助有趣的活动，发展小班幼儿的探究能力，让他们感知、体验玉米的有趣，真正喜欢玉米。

关注生活材料。本次活动引导幼儿运用多种感官感知玉米的基本特征，拓展幼儿对玉米的认识。

关注体验式的课程。本次活动让幼儿在看玉米、摸玉米、听玉米、尝玉米汁的过程中，充分调动眼睛、鼻子、手、耳朵等感官探索玉米。

关注语言表达。教师通过随机采访和集体分享等方式，引导幼儿完整地说出自己的发现，如"我发现玉米粒是黄色的""玉米粒摸上去湿湿的"等，培养幼儿的表达能力。

(二) 活动目标

幼儿尝试运用多种感官感知玉米的特征，大胆表述自己的发现。

(三) 活动准备

经验准备：前期可结合夏天的季节特点，进行一些动手制作、品尝等活动，认识一些夏季上市的蔬菜、瓜果、五谷杂粮等,感受夏季万物生长的喜悦。

物质准备:玉米棒,玉米汁;透明瓶装玉米粒和颜色相近、大小不同的黄豆(视觉);袋装玉米粒,体积相近、软硬不同的袋装黏土(触觉);不透明瓶装玉米粒、沙子(听觉)。

玉米棒

分别装有玉米粒和黄豆的透明瓶

分别装有玉米粒和黏土的袋子

分别装有玉米粒和沙子的不透明瓶

(四) 活动过程

1. 和玉米棒做朋友

出示玉米棒,让幼儿观察与猜测。

提问:看一看、摸一摸、闻一闻,你有什么发现?

小结:玉米棒长长的,剥掉外皮可以看到一粒粒玉米粒,玉米粒摸起来硬硬的,闻起来香香的。

(设计意图:幼儿说一说自己的发现,教师进行小结。本次活动,幼儿非常乐意表达自己的想法,有的说了玉米的颜色,有的说了玉米摸上去的质感,有的说了自己闻到的气味。在教师的鼓励下,幼儿对玉米形成了比较客观、准确的认识。)

2. 找玉米

过渡:玉米想和我们玩捉迷藏的游戏,它把自己藏起来了,你们愿意去找一找吗?

(1)看看找找

出示 PPT 和装有玉米和黄豆的两个透明瓶,播放录音:小朋友们,我躲到瓶子里了,你们能找到我,把我送回家吗?

幼儿自主探索。

交流:你怎么找到玉米的? 玉米和黄豆有什么不同?

(2)摸摸找找

出示 PPT 和装有玉米和黏土的布袋,播放录音:这次我躲在布袋里了,快来找找我!

幼儿自主探索。

交流:你怎么找到玉米的? 它们摸上去有什么不同?

将玉米送回家

（3）听听找找

出示 PPT 和装有玉米和沙子的不透明瓶,播放录音:这次我躲在了瓶子里,你们看不见也摸不到,你们还能找到我吗?

幼儿自主探索。

交流:你们找到玉米了吗? 你有什么发现?

总结玉米的颜色、气味、形状、软硬程度等基本特征。

（设计意图:该环节中的情境有趣、丰富,提供的材料足、操作多。幼儿在听听找找中,说说自己的猜测。）

3. 品尝分享

过渡:玉米变成了玉米汁,请你们来尝一尝。

提问:玉米的味道怎么样?

小结:原来玉米又好吃又好喝,我们都喜欢,今天和玉米做朋友真开心。

（设计意图:让幼儿品尝玉米汁,拓展思维,并且喜欢玉米,做不挑食的好宝宝。）

品尝玉米汁

（五）活动提示

关注食品的安全、卫生;根据幼儿需求提供适量玉米汁进行品尝,不浪费。

（六）活动反思

本活动通过体验式的游戏活动,让幼儿运用多种感官进行探究,提升观察能力,形成一定的科学探究素养。

1. 活动亮点

（1）关注活动内容的生活性。熟悉的材料和生活情境容易激发幼儿的兴趣,促使幼儿在已有经验基础上作进一步探究。活动中,教师兼顾生活化和科学性,投放了玉米、黄豆、细沙、黏土等生活材料。

（2）关注活动目标的有效性。活动的设计和实施始终围绕让幼儿"运用多种感官感知玉米的主要特征",关注过程能力的培养。幼儿运用多种感官感知玉米的主要特征,用丰富的语言表述自己的发现,表述也较完整。

2. 问题与改进

(1)互动的形式可以更多样。教师可以采用灵活的交流方式,可以进行集体交流,也可以在找的过程中适当进行个别交流。

(2)幼儿在看看找找的过程中,有的摇一摇瓶子来听声音,有的用鼻子闻闻味道来发现玉米。因此可以不规定幼儿的操作方式,将透明瓶子、布袋、不透明瓶同时呈现,让幼儿用自己的方式寻找玉米,感知玉米的特征,再说说自己的发现。

(七)奇思妙想

幼儿通过动手制作、品尝等活动,认识不同的玉米制品:玉米饼、玉米汁、玉米炒饭等,提升对玉米的兴趣。

(八)科学揭秘

玉米,亦称"玉蜀黍""苞谷""珍珠米""棒子",世界各大洲都广泛种植的高产粮食作物。中国主要产区在东北、华北、西北、西南等地。玉米在许多地区作为主要食物,可以做成煮玉米棒、奶油玉米片、玉米粥、爆米花等各种食品。

籽粒除供食用或作饲料外,工业用途极为广泛,可制作淀粉、葡萄糖、乙醇等。秆、叶可青饲或作青贮原料,苞叶可作编织工艺品的原料。

(设计者:上海市嘉定区震川幼儿园　林巧珍

上海市嘉定区安亭幼儿园　金立怡)

九、活动"神奇的光"

非主题。

核心经验：感知光的变化。

科学知识与内容：光在不同材料上的透光性。

科学方法与能力：观察、比较、猜测。

（一）设计思路

太阳光、五彩的灯光、发光玩具……会发光的物体总能吸引幼儿的注意，我们尝试运用身边简单、常见且易于操作的材料，让幼儿们找一找、玩一玩、看一看，动手动脑、观察发现，感受光的神奇。

活动开始让幼儿寻找"神秘小屋"的动物朋友，以舞会的情境贯穿始终，在情境式互动中不断激发幼儿的探究兴趣。

本活动选择了安全且便于操作的手电筒作为探究工具，以幼儿常见的彩色手工纸、小毛巾、彩色玻璃片作为探究材料，引发幼儿在活动中动手、动脑，发现光的变化。

让幼儿欣赏彩色灯光在生活中的运用，从身边的霓虹灯到灯光秀，让幼儿感受科技发展给人们生活带来的改变。

（二）活动目标

幼儿尝试观察与猜测，发现光透过不同材料时发生的变化。

幼儿乐意表达自己的发现，感受灯光舞会的有趣。

（三）活动准备

经验准备：幼儿已经玩过手电筒。

物质准备：手电筒、自制的神秘小屋、彩色玻璃片、小毛巾、彩色手工纸、灯光视频等。

自制的神秘小屋 　　　　　　小毛巾 　　　　　　彩色手工纸

(四) 活动过程

1. 照一照,找到黑暗中的小猪佩奇

提问:有什么办法可以找到神秘小屋里藏着的东西?

小结:手电筒会发光,能帮我们在黑暗中找到佩奇和她的朋友们。今天小猪佩奇要开舞会了,邀请大家一起去参加。

(设计意图:通过神秘小屋的情境设计,引发幼儿的探究兴趣,让幼儿了解光的特点。)

2. 游戏"佩奇的舞会"

(1) 第一次玩——亮亮的白光

过渡:这是一个特别的灯光舞会,我们一起去玩一玩。

试一试:每人用手电筒照一照、玩一玩。

说一说:灯光舞会好玩吗?你发现了什么?你的灯光是什么样的?

小结:手电筒能照出亮亮的光,灯光还会变大或变小,灯光舞会真好玩!

(2) 第二次玩——有趣的彩色光

提问:有没有彩色的灯光呢?你看过彩色灯光吗?看过什么颜色的灯光?

呈现彩色玻璃片、小毛巾和彩色手工纸。

要求:将不同的材料放在手电筒的光源处,观察光发生的变化。

分享:你尝试了什么材料?你有什么新发现?

小结:手电筒的光能透过红色玻璃,变成红色的光;透过蓝色玻璃,变成蓝色的光。

（设计意图：两次操作让幼儿探索光穿过不同材质的遮盖物时发生的变化。）

3. 观看视频,体验光的神奇和美妙

播放视频让幼儿欣赏生活中常见的彩色灯光,感受光的神奇与美丽。

小结：彩色的灯光真漂亮！不仅给漆黑的夜晚带来了光明,也让我们的城市更加美丽。

（设计意图：通过经验交流以及视频欣赏,进一步感受灯光在生活中的运用,五彩的灯光让城市的夜晚更加美丽。）

（五）活动提示

幼儿在运用手电筒进行探索时,提醒他们不要用光源直接照射同伴的眼睛,以免强光伤害眼睛。为避免影响探究的过程和结果,不宜选择强光手电筒,以及有强弱光变化和闪烁等多种档位的手电筒。

（六）活动反思

1. 活动亮点

（1）巧用教学策略,激发幼儿的探究兴趣。"神秘小屋""灯光舞会"的情境,有效激发了幼儿的兴趣,引发了幼儿在共同游戏中探索与发现。

（2）材料种类、数量适宜,便于幼儿操作实验、观察比较。多媒体材料由近及远,越来越有视觉冲击,引发幼儿与材料的自主互动。

（3）关注师幼互动,提升思维能力。如："你发现了什么？ 你的灯光是什么样的？""你觉得哪种材料可以变成彩色的灯光呢？""谁的手电筒照出的光也可以有颜色？ 可以变不同颜色吗？"等问题,引发了幼儿大胆猜测、观察比较、持续探索。

2. 问题与改进

建议在活动中加入一些特定的活动规则,不断增加活动难度,满足不同发展水平幼儿的需要。

（七）奇思妙想

光还可以和我们玩什么游戏呢？ 把两种颜色的玻璃片叠在一起,能照出什么颜色的光？ 为什么有时候我们会看见影子？ 影子是怎么形成的？ 影子为什么会有很多变化？小朋友可以再去观察和发现。

(八) 科学揭秘

白光由七色光混合而成，当白光照射有色透明物体时，透过物体的光的颜色与物体颜色相同，其他颜色的光被物体吸收。如红色玻璃片只能透过红光，蓝色玻璃片只能透过蓝光。

（设计者：上海市嘉定区叶城幼儿园　陈　影　吴　洁）

第二节　中班科学领域集体活动案例精选

中班幼儿愿意主动参加科学活动,大胆探索周围环境中的事物,能运用多种感官感知事物的主要特征,在观察、比较中发现事物的异同,大胆猜测,用自己的方式表达自己的发现,并与成人、同伴交流探索的过程与结果。

在科学活动的过程中,教师要鼓励幼儿通过观察与比较,形成探究周围事物和现象的兴趣,发展初步的探究能力。设计中班科学活动时,要更关注幼儿的观察、猜测、交流等过程能力的培养。

一、活动"条纹、条纹,我发现了"

主题: 我在马路边。

主题核心经验: 观察识别标志、设施等。

科学知识与内容: 发现莫尔条纹的有趣。

科学方法与能力: 观察、比较、猜测。

(一) 设计思路

条纹有很高的辨识度,在视觉上夺人眼球,在生活中的运用也十分广泛,比如蕴含商品信息的条形码、利用视觉差形成动画效果的莫尔条纹等。图画书《条纹,条纹,发现啦》集合了生活中一些典型的条纹,让幼儿在阅读中认识各种条纹,识别周边环境及交通设施中的标志和符号的作用。

自主阅读图画书后,幼儿们对条纹产生了兴趣并有意识地寻找和记录自己的发现,如马路上的斑马线、服装上的条纹、动物身上的条纹等。中班幼儿主要关注事物的表面特征,较少关注事物的内部特征,如条纹的作用,条纹与生活的联系等。

活动中幼儿与条纹互动的机会充分、形式多样,通过直接操作、视频观看的方式,让幼儿发现条纹的有趣、神奇。

在玩一玩神奇的条纹时(莫尔条纹),幼儿充分操作,仔细观察条纹的有趣变化,在主动发现、大胆表达的过程中获得综合素养的提升。

(二) 活动目标

幼儿仔细观察,大胆猜测,发现条纹的有趣变化。

幼儿尝试用较清晰的语言表述自己的发现。

(三) 活动准备

经验准备:幼儿自主阅读图画书《条纹,条纹,发现啦》,寻找生活中的条纹。

物质准备：莫尔条纹图卡、固体胶、莫尔条纹光栅板。

  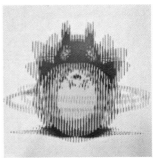

莫尔条纹图卡

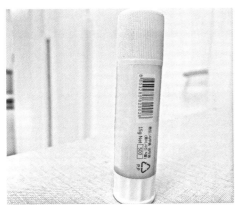 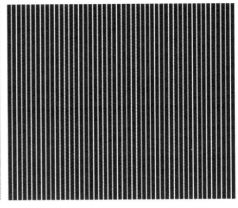

固体胶上的条纹　　　　　　　　莫尔条纹光栅板

（四）活动过程

1. 生活中的条纹

分享：这几天我们看了《条纹，条纹，发现啦》这本有趣的书，我们在书中看到了各种有趣的条纹。生活中，你们还看到了哪些有趣的条纹？

小结：生活中到处都有条纹，条纹无处不在！

（设计意图：幼儿通过分享交流从阅读及生活中发现条纹，感受条纹的有趣。）

2. 神奇的条纹

第一次操作：自主探索莫尔条纹图卡和光栅板，发现图案的变化。

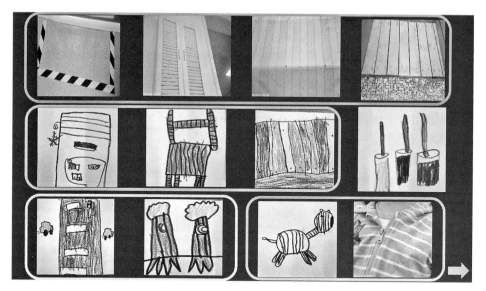

幼儿寻找与记录的条纹

观察：这张风扇的图片有什么特别？（有很多条纹）

猜测：让光栅板和风扇条纹图卡碰一碰，会发生什么变化？

操作要求：将光栅板与风扇条纹图卡叠放在一起，并来回移动光栅板。

分享交流：说说你们的发现，和你们的猜想一样吗？

小结：当在风扇条纹图卡上移动光栅板时，风扇转起来了，真神奇！

第二次操作：操作莫尔条纹图卡和光栅板，感受图案动态变化的有趣。

观察：又来了两个朋友，他们是谁？有什么特别的地方？（小黄人、龙猫条纹图卡）

猜测：如果将光栅板放在小黄人和龙猫条纹图卡上方，并来回移动，会发生怎样奇妙的现象？它们会动吗？

操作要求：将光栅板与小黄人、龙猫条纹图卡叠放在一起，并来回移动光栅板。

分享交流：有什么新发现？和你们的猜想一样吗？

小结：在小黄人、龙猫条纹图卡上移动光栅板，小黄人、龙猫就能动起来。移动得越快，动得越快，真有趣！

拓展经验：让原本不动的图动起来，这种有趣的条纹叫作"莫尔条纹"，最早的动画片就是利用该原理制作的。（欣赏莫尔条纹视频，发现莫尔条纹的更多变化。)

(设计意图:幼儿直接操作莫尔条纹光栅板,发现条纹与条纹相遇时带来的动画效果,通过视频画面感受莫尔条纹的有趣变化。第一次操作:幼儿操作图卡,发现光栅条纹与图片条纹接触移动时产生的动态效果。第二次操作:经验迁移,幼儿发现图卡的丰富变化,并用准确的语言表述。)

3. 有用的条纹

提问:生活中哪里还有条纹呢? 固体胶棒上有条纹吗?

让幼儿看一看,摸一摸,玩一玩。

小结:仔细观察就能找到条纹,条形码里藏着胶棒的商品信息,胶棒盖子边缘的条纹还能方便我们打开胶棒。条纹不但有趣,还有很多用处。

延伸活动:找找生活中有趣、有用的条纹,记录下来,和大家分享。

(设计意图:提供人手一支固体胶胶棒,让幼儿仔细观察,获得真实感受,了解条纹在生活中的作用,进一步引发探究的兴趣,不断充实自己的记录。)

(五) 活动提示

观察条纹的角度不同,观察到的结果也不一样。在分享交流时,教师可以采用投屏或走动的方式,让幼儿集体观察条纹变化的现象。

(六) 活动反思

本次活动从活动设计到现场组织都能体现集体学习活动的价值,也能看到幼儿在活动过程中的主动学习。

1. 活动亮点

(1) 激发幼儿主动学习的状态。活动中,教师始终支持幼儿仔细观察、大胆表达、直接感知。在玩一玩神奇的条纹时(莫尔条纹),教师所提供的电风扇、小黄人和龙猫图案都是幼儿熟悉和喜欢的,他们始终保持高度集中的学习状态。

(2) 从生活中常见的条纹到神奇的条纹,幼儿通过仔细观察、大胆想象及推理判断,明晰了条纹和我们生活的关系。

(3) 运用多媒体设备,让幼儿在多元体验中,深度参与,开阔眼界。

2. 问题与改进

小结应更精准,凸显探究的特质。原来移动光栅板可以让风扇动起来,让幼儿仔细观察:莫尔条纹图卡上的风扇和其他风扇图案有什么不一样?

(七) 奇思妙想

生活中还有哪些有趣的、神奇的条纹呢? 它的作用是什么呢? 我们再一起去观察和交流。

(八) 科学揭秘

莫尔条纹是18世纪法国研究人员莫尔首先发现的一种光学现象。莫尔条纹是两条线或两个物体之间以恒定的角度和频率发生干涉的视觉结果,当人眼无法分辨这两条线或两个物体时,只能看到干涉的花纹,这种光学现象就是莫尔条纹。

"光栅动画"又称"莫尔条纹动画",是通过视觉暂留原理制作的游戏装置。它通过匀速移动由透明玻璃板制成的光栅板,依次露出动画的多帧画面,经大脑的视觉暂留串联成流畅的动画。

（设计者：上海大学附属嘉定留云幼儿园　王佳旎　金　梦）

二、活动"有趣的紫甘蓝"

主题: 好吃的食物。

主题核心经验: 分辨食物,知道各种食物都有营养。

科学知识与内容: 紫甘蓝汁能使不同饮料发生颜色变化。

科学方法与能力: 观察、比较、猜测。

(一) 设计思路

在开展主题活动"好吃的食物"的背景下,幼儿们共同收集资料,分享了很多好吃的食物,各种各样的蔬菜也是他们热议的话题。其中,紫甘蓝引起了幼儿浓厚的探究兴趣。活动"有趣的紫甘蓝"选择了紫甘蓝汁能使不同饮料变色的特性,激发了幼儿对植物的探索兴趣。

选择的实验材料都是幼儿熟悉且喜欢的,当紫甘蓝汁倒入不同的饮品后产生明显的颜色变化时,幼儿会觉得非常神奇,进而产生强烈的好奇心。

探究能力是幼儿在解决问题的过程中综合运用各种方法的综合表现。活动中,幼儿在探究紫甘蓝汁使饮料发生颜色变化的过程中,运用了观察探索、猜测、验证、合作交流等探究方法,逐步提高探究能力。

(二) 活动目标

幼儿探索紫甘蓝汁使不同饮品发生颜色变化的现象,感受紫甘蓝汁的有趣和有用。

(三) 活动准备

经验准备:幼儿前期在幼儿园种植区见过紫甘蓝,了解紫甘蓝的外形特征。

物质准备：紫甘蓝实物，雪碧，白开水，紫甘蓝汁（放入带有刻度的小瓶中），各种饮品（运动饮料、蜂蜜水、矿泉水、盐汽水、茶叶水），视频，PPT。

定量紫甘蓝汁

定量的各种饮料

（四）活动过程

1. 经验交流：激发幼儿对紫甘蓝的探究兴趣

出示实物紫甘蓝。

提问：这是什么？紫甘蓝里有水分吗？

播放视频，观看榨汁过程。

总结梳理：紫甘蓝含有水分，它榨出来的汁也是紫色的。

提问：紫甘蓝汁有什么用？

过渡语：今天我们用紫甘蓝汁做小实验。

2. 实验比较：发现紫甘蓝汁能使饮品变色的现象

分别出示白开水和雪碧，请幼儿猜一猜，紫甘蓝汁分别滴入白开水和雪碧中，白开水和雪碧会变成什么颜色？

介绍实验要求：用滴管在白开水和雪碧中滴入2滴紫甘蓝汁，搅拌一下。

幼儿动手实验。

重点关注：幼儿能否正确开展实验操作？幼儿在实验过程中有什么发现？

关键提问：加入了紫甘蓝汁后，两种透明的饮品发生了什么变化？

观看PPT，了解紫甘蓝汁使饮料变色的原因。

总结梳理：白开水加入紫甘蓝汁后会变成蓝色，雪碧加入紫甘蓝汁会变成粉色。紫甘蓝汁真神奇,看到颜色的变化,我们就能轻松分辨什么样的饮料是健康的。

(设计意图:幼儿通过操作实验发现不同的液体滴入紫甘蓝汁后产生的颜色变化。)

3. 实验验证:尝试用紫甘蓝汁来辨别饮品是否健康

实验推测。

提问:紫甘蓝汁放入这些饮品中,会变成什么颜色?(运动饮料、矿泉水、蜂蜜水、盐汽水、茶叶水。)

介绍实验要求。

过渡:我们也来做做实验,用紫甘蓝汁来分辨自己喜欢的饮品是否健康。

教师介绍实验材料。

幼儿操作实验。

重点关注:幼儿在实验过程中有什么困难?幼儿在实验中解决问题的能力。

提问:做完实验,你觉得哪种饮品更健康。

小结:紫甘蓝汁真有用,能让白开水、矿泉水、蜂蜜水等健康的饮品变成蓝色!

4. 活动延伸

让幼儿将紫甘蓝汁滴入生活中的其他饮品中,看看有什么新发现。

(设计意图:在活动中,幼儿只要说出实验结果,感受紫甘蓝汁能使不同饮品变色的特点就可以,暂时不能理解变色的原因也没有关系。)

(五) 活动提示

实验中各种饮品要放置在实验容器内,并提醒幼儿不可饮用。

操作材料的提供要尽量减少不确定因素的影响,比如紫甘蓝汁放入透明小瓶中并用红线进行刻度标示,饮料固定在白色底座上等。

(六) 活动反思

1. 活动亮点

内容选材生活化。活动中选用的几种饮品是幼儿熟悉的,将紫甘蓝汁倒入其中会产生明显的颜色变化,这对幼儿来说非常神奇,容易引发幼儿的探究兴趣。

关注幼儿过程能力的培养。本次活动中,幼儿运用观察、比较、猜测、交流等各种能力开展探究活动,整个活动的环节设计和教师指导都全面关注幼儿科学能力的培养。

活动材料设计基于幼儿特点。提供的饮品与紫甘蓝试剂的量都是等量、固定的,提供固定的底座保证幼儿操作的便捷等,幼儿能够在实验材料等量的情况下进行较为科学的实验,便于观察与比较。

2. 问题与改进

在饮品的选择上可以听听幼儿的意见,从他们的真实需求出发提供材料;多关注幼儿科学能力的发展,在互动过程中激发幼儿的自主探究与思考。

(七) 奇思妙想

紫甘蓝汁放入透明饮品中能立刻呈现不同的颜色,如果放到有颜色的饮品中会有什么样的变化呢?例如妈妈爱喝的咖啡,爸爸爱喝的可乐……我们可以再去试一试,并和大家分享一下你的发现。

(八) 科学揭秘

溶液的酸碱度常用 pH 来表示,pH 的范围通常为 0—14。测定 pH 最简便的方法是使用 pH 试纸。酸性溶液的 pH 小于 7,碱性溶液的 pH 大于 7,中性溶液的 pH 等于 7。紫甘蓝中含有一种可溶于水的色素——花青素。花青素遇酸遇碱就会变色,在酸性环境中会变成红色,在碱性环境中会变成蓝绿色。由于碳酸饮料的 pH 低于 7,矿泉水的 pH 大于 7,因此紫色的紫甘蓝汁遇到雪碧、矿泉水后就分别变成了红色和蓝绿色。一般情况下,中性和碱性饮料对人体更有益。因此,紫甘蓝汁可以作为一种指示剂,帮助我们了解部分物质的酸碱性。

（设计者：上海市嘉定区安亭幼儿园　陈　佳）

三、活动"植物的颜色"

主题： 有用的植物。

主题核心经验： 发现植物颜色多样的有趣现象。

科学知识与内容： 植物含有花青素，能呈现不同色彩。

科学方法与能力： 观察、实践、猜测。

（一）设计思路

在开展"好吃的食物"主题活动中，幼儿们通过观察、品尝，分辨食物的色香味。如幼儿品尝火龙果时，牙齿和舌头上会留下火龙果的红色。因此，教师引导幼儿探索植物的颜色。

在探索植物颜色的过程中，同种工具有不同的使用方法，呈现的效果也不同，有助于幼儿积累解决问题的经验。教师在活动中还引导幼儿给手帕染色，指导幼儿使用与整理生活工具，拓展对植物颜色用途的认识，多方整合，为幼儿的多元发展提供可能。

（二）活动目标

幼儿探索分辨菠菜和紫甘蓝颜色的不同方法。

幼儿尝试清晰表达探索过程中的发现，感受植物的美。

（三）活动准备

经验准备：幼儿在个别化区域和专用活动室中操作过各种工具，认识各种蔬菜。

物质准备：白色手帕、菠菜、紫甘蓝、擀面杖、擦手毛巾、围兜。

白色手帕

擀面杖

(四) 活动过程

1. 情景导入

情境导入：菠菜遇见了一块白手帕,它们成了好朋友。拥抱菠菜后,白手帕发现自己身上留下了一些绿色。

猜测：菠菜的颜色怎么会染到白手帕上的?

小结：原来菠菜用力抱一抱白手帕,绿色就会留在白手帕上,真有趣。

(设计意图：用拟人化的情境导入活动,激发幼儿对探索环节的兴趣。)

2. 幼儿探索

(1) 第一次操作

猜测：有什么方法可以让菠菜的颜色染到白手帕上?

介绍操作材料：白色手帕、擀面杖。

小结：我们可以用擀面杖竖着敲、横着敲、滚一滚,给白手帕染色。

操作要求：幼儿每人一块手帕、一根擀面杖和一份记录表,自主探索染色的方法并记录。

观察要点：幼儿使用菠菜给手帕染色的方法。

交流分享：你们用了什么方法,找到了哪些颜色?

幼儿使用的方法与呈现效果

方　　法	呈　现　效　果
竖着敲  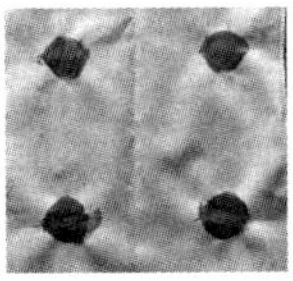	
侧着敲  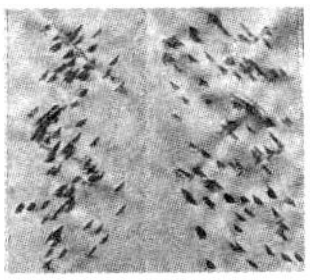	
滚来滚去 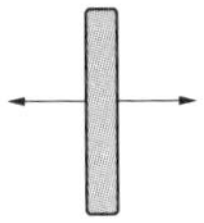 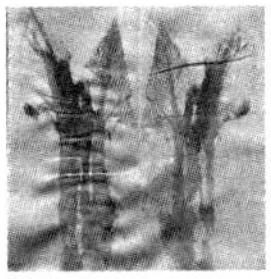	
用手压  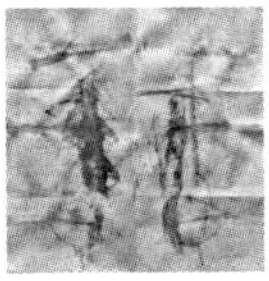	
手帕折叠 后再印染 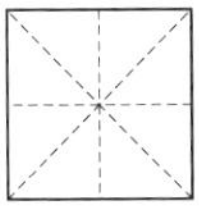 	

　　小结：手拿擀面杖用不同的方式敲打蔬菜时，印在白手帕上的颜色和图案是不一样的。白手帕上蔬菜颜色的深浅与工具的使用方法有关。手帕折叠的次数不同，出现的颜色花纹也不一样。

　　（2）第二次操作

　　提问：这是什么？紫甘蓝印在手帕上会出现什么颜色？

　　操作要求：幼儿每人一块手帕、一根擀面杖和一份记录表，自主探索染色的方法并记录。

印染操作过程

观察要点：幼儿使用紫甘蓝给手帕染色的方法。

交流分享：你有什么新发现？

小结：紫甘蓝的颜色印到手帕上不但出现了紫色，还出现了美丽的蓝色。

过渡：人们在生活中是如何使用植物色素的？我们一起来看看。

（设计意图：两种不同的植物拓展了幼儿对植物色素的认识。幼儿在猜测、实验、发现、创作的过程中进行科学探索。）

幼儿作品

3. 生活拓展

观看视频,欣赏植物色素在生活中的应用。

延伸活动:今天我还带来了使用其他植物染色的手帕,你们能猜出我用了什么植物吗?

(五) 活动提示

幼儿使用工具时,教师应关注幼儿安全,不要让擀面杖敲到手指等身体部位。同时,可以让幼儿穿上小围兜,避免植物色素溅到衣服上。

(六) 活动反思

蔬菜、手帕都是幼儿熟悉的物品,贴近幼儿生活。当菠菜和紫甘蓝遇见手帕时,会发生哪些好玩有趣的事情呢? 科学活动"植物的颜色"让幼儿在动手操作中探索植物颜色的秘密。

1. 活动亮点

(1) 选择田园里最常见的蔬菜作为教学活动材料,激发幼儿探索植物的兴趣,体现了幼儿园科学活动的核心价值,简单、好玩、易理解。

(2) 材料的设计简单好玩、有变化。幼儿通过多种方式使用擀面杖,让手帕呈现不同的印染效果,充分调动了幼儿操作的兴趣。

(3) 科学活动中,教师的关键性提问也是激发幼儿主动探究的重要因素。开放的提问不仅能将幼儿的科学活动引向深入,而且能发展幼儿的发散性思维,推动幼儿的深度学习。

2. 问题与改进

教师将活动的目标定位在探索方法上,但是幼儿在活动过程中对颜色的变化更感兴趣。教师可以弱化探索方法,给予幼儿充分的操作时间,满足幼儿的探索兴趣。

(七) 奇思妙想

生活中还有哪些蔬菜可以用来给手帕染色呢? 不同的蔬菜又有哪些不同的颜色呢? 我们一起去找一找,试一试吧!

（八）科学揭秘

植物色素是用植物的根、茎、叶、果实、种子等经提取加工而成的。如蔬菜的绿色（叶绿素），胡萝卜的橙红色（胡萝卜素），草莓、苹果的红色或紫色（花青素）。

（设计者：上海市嘉定区华亭幼儿园　吉宵凤）

四、活动"一颗想游泳的葡萄"

主题：有趣的水。

主题核心经验：水真有用。

科学知识与内容：感知物体在水中的沉浮状态。

科学方法与能力：观察、比较、猜测、实验。

（一）设计思路

葡萄在清水中下沉和在盐水中上浮的现象，引发了幼儿的认知冲突。幼儿们结合已有经验开始猜测，同伴间相互交流。为了让幼儿验证自己的猜测，教师设计了相应的操作活动，三个操作环节层层递进，让幼儿对物体的沉浮建立初步的认知经验。

（二）活动目标

幼儿仔细观察与比较，发现葡萄在不同液体中的沉浮状态是不同的。

幼儿能完整、清楚地讲述自己的发现。

（三）活动准备

经验准备：对物体的沉和浮有初步的经验。

物质准备：清水、盐水、雪碧、透明纸杯、葡萄、记录板、贴纸。

（四）活动过程

1. 回顾物体在液体中的不同沉浮状态

谈话：大家都玩过沉与浮的游戏，谁来说说你的发现？

小结：有的物体在水里会沉下去，有的物体在水里会浮起来。物体的沉浮与它们的重量、大小都有关系。

（设计意图：回忆相关游戏，复习相关经验。）

2. 第一次实验：葡萄在清水中游泳

（1）出示清水与盐水

过渡：有一位葡萄先生，它想到水里游泳。这里有两个游泳池，一个是清水游泳池，一个是盐水游泳池。

关键提问：你觉得，葡萄先生在这两个游泳池里会怎样游泳呢？

（2）交代实验要求

每人拿一杯清水和一杯盐水，两颗大小相当的葡萄。

一杯清水、一杯盐水、两颗葡萄

每个水杯里放一颗葡萄，仔细观察葡萄的沉浮状态。

（3）幼儿实验，教师巡回观察

（4）交流分享

提问：你有什么新发现？实验结果和你的猜想一样吗？

小结：葡萄先生在清水游泳池里很快沉下去了，在盐水游泳池里会浮起来。

（设计意图：幼儿在大胆猜测的基础上进行实验，了解葡萄在清水和盐水中不同的沉浮状态。）

3. 第二次实验：葡萄在雪碧里游泳

（1）出示雪碧

关键提问：这个游泳池跟刚才的一样吗？有什么不一样？

猜测：这是一个甜甜的雪碧游泳池，里面还有好多气泡。葡萄先生想到这个甜甜的雪碧游泳池里游泳，你们猜猜，它会浮起来还是沉下去？

操作要求：请把你们的想法贴到雪碧游泳池上。

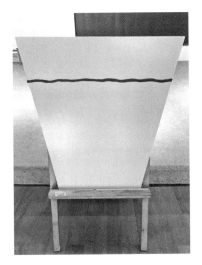

呈现幼儿猜想的展示板

（2）交代实验要求

每人拿一杯雪碧、一颗葡萄。

一杯雪碧、一颗葡萄

仔细观察葡萄放在雪碧中是沉还是浮。

（3）幼儿实验，教师观察指导

（4）交流分享

提问：你有什么发现？和你猜的一样吗？

小结：葡萄先生在雪碧游泳池里会慢慢浮起来。

（设计意图：幼儿再次尝试，探索葡萄在雪碧中的沉浮状态。）

4. 活动延伸

如果雪碧里没有气泡，葡萄会怎么样？

（五）活动提示

活动过程中，幼儿对雪碧游泳池的兴趣比较高，实验前，教师要提醒幼儿不可以品尝今天的实验材料。

（六）活动反思

1. 活动亮点

（1）活动选材符合中班幼儿的年龄特点，贴近幼儿生活经验，让幼儿愿意积极参与。

（2）将目标定位在观察与比较，符合中班幼儿科学活动的特点。观察比较葡萄在三种液体里的沉浮状态，体现了中班幼儿科学活动的核心价值。

（3）活动中材料和环节的设计非常清晰，聚焦活动目标，为目标服务。第一环节引发幼儿对前期经验的回顾；第二环节让幼儿的新旧经验产生冲突，激发幼儿对沉浮现象的新思考；第三环节让幼儿进一步迁移新经验。

（4）活动过程以幼儿为主体，考虑幼儿的最近发展区，适时给予鼓励与表扬。同时，教师能够尊重幼儿的感受与体验，关注幼儿的学习过程，给予幼儿充分的机会进行思考与表达。

2. 问题与改进

本次活动中，幼儿们四人一组围坐在桌子旁，这样的座位安排便于幼儿操作。但从幼儿经验分享的角度来看，则存在一定的弊端。可以将幼儿的座位调整成半圆，用于操作的桌子放在半圆的前面，便于幼儿观察、比较。

(七) 奇思妙想

我们身边还有哪些有趣的沉浮现象？人在死海里为什么不会沉下去？人类利用沉浮原理发明了哪些物品呢？

(八) 科学揭秘

浸没在液体中的物体如果只受重力和浮力时，其浮沉状态取决于物体受到的重力与浮力的大小关系。当重力大于浮力时，物体下沉；当重力小于浮力时，物体上浮；当重力等于浮力时，物体处于悬浮状态。漂浮在液面上的物体所受的浮力与所受的重力大小相等。

（设计者：上海市嘉定区双丁路幼儿园　曹敏雅）

五、活动"'火箭'飞起来"

主题：玩具总动员。

主题核心经验：探索不同类型玩具的玩法。

科学知识与内容：空气的流动。

科学方法与能力：观察、比较、猜测。

（一）设计思路

本活动源于幼儿对玩具纸火箭的兴趣，教师提供探索的材料帮助幼儿发现制造风的不同方法，在操作体验中满足幼儿观看"火箭升空"的愿望，并帮助幼儿积累科学探究的初步经验。

一是活动环节的层次性。如感知风的存在—制造风—控制风的大小的探究过程，让幼儿获得成功感。二是关注经验的分享与表述。教师在活动中鼓励幼儿表达自己活动的经验，同时对自己的探究过程与发现进行大胆交流。三是注重探索的观察与比较。教师需要引导幼儿在操作过程中多次观察、比较实验结果，在操作中感受风的大小与"火箭"高低的关系。

（二）活动目标

幼儿通过观察、比较，发现挤压瓶子的力不同，"火箭"的高低也不同。

幼儿在操作中体验让"火箭"成功升空的喜悦。

（三）活动准备

经验准备：幼儿有制作纸火箭的经验。

物质准备：小塑料瓶、大塑料瓶、发射台、自制"火箭"。

小塑料瓶　　大塑料瓶

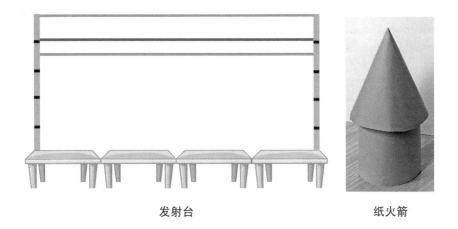

发射台　　　　　　　　　　　　　　　纸火箭

(四) 活动过程

1. "火箭"动起来

提问：最近你们都在玩纸火箭，你们是怎样让纸火箭动起来的？说说你们的发现吧。

梳理：你们用扇子、纸板、毛巾和电风扇扇风的方式让纸火箭动起来。

小结：原来这些材料在扇动的过程中能产生风，风能让纸火箭动起来。

（设计意图：通过交流分享让幼儿发现风是让纸火箭动起来的动力，为后面的探究环节做准备。）

2. "火箭"飞起来

(1) 第一次操作："火箭"飞起来

猜测：如何用一个瓶子让"火箭"飞起来？

操作要求：每人借助一个瓶子让"火箭"向上飞起来。

提问：你是如何让"火箭"飞起来的？挤压瓶子为什么能让"火箭"飞起来？

小结：挤压瓶子引起空气流动，能产生风，风让"火箭"飞了起来。

（设计意图：幼儿在实验中探索借助瓶子让"火箭"飞起来的方法，在同伴分享中积累成功的经验。）

(2) 第二次操作："火箭"飞得高

猜测：如何让"火箭"飞得更高？

操作：用挤压瓶子的方法让"火箭"飞得更高。

交流：为什么有的"火箭"飞得高，有的"火箭"飞得低？

小结：挤压瓶子时，用的力气大，"火箭"飞得高，用的力气小，"火箭"飞得低。

（设计意图：第二次实验让全员使用挤压瓶子让"火箭"升空的方法，并在实验过程中探索用力大小与"火箭"飞行高度的关系。）

3. 活动延伸

出示大塑料瓶和小塑料瓶。

提问："火箭"飞行高度和挤压瓶子的力气大小有关，如果瓶子大小不一样，"火箭"的飞行高度会有变化吗？

（五）活动提示

纸火箭顶部为尖角，提醒幼儿不可对着同伴发射"火箭"，注意安全。

（六）活动反思

1. 活动亮点

（1）紧扣中班幼儿年龄特点，关注幼儿的科学品质。本活动是在主题活动开展的过程中顺应幼儿的兴趣与关注点而设计的，既拓展了主题经验又能满足幼儿探究的需要；教师基于对幼儿的观察和了解，引导幼儿在操作过程中探索让"火箭"向上飞的方法。

（2）关注过程体验，聚焦科学素养。如经验分享帮助幼儿回忆已有经验，充分表达自己的体验与感受，猜测环节鼓励幼儿根据已有经验对操作挑战进行有目的的思考。

2. 问题与改进

教师需要根据幼儿的实际情况控制问题的难易程度，对科学原理的解析也应浅显、易懂。

（七）奇思妙想

通过实验，我们知道力气越大，"火箭"飞得越高。如果换成一个超级大的瓶子，而且有足够大的力气，我们的"火箭"会飞入太空吗？

(八) 科学揭秘

空气是无色、透明、无处不在的,而风则是空气流动引起的一种自然现象。风力的大小与风速和接触面有关。生活中幼儿经常能感受到风,有自然风、电扇风、空调风等,也能感受到风的大小。本次活动借助塑料瓶帮助幼儿制造风,发现风产生的不同方法,并尝试用瓶子探索风力大小与"火箭"飞行高度的关系。

(设计者:上海市嘉定区菊园幼儿园 郁 琼)

六、活动"神奇的小球"

主题：玩具总动员。

主题核心经验：了解三种小球的不同性能和作用。

科学知识：发现不同材质的球具有不同特性。

科学方法与能力：观察、比较、猜测。

（一）设计思路

本次活动与中班主题"玩具总动员"的核心经验链接，让幼儿通过亲身体验感受三种球（海绵球、毛绒球、海洋球）的特性，并用语言表达自己的感受。通过游戏式的探究方式，让幼儿去实践，去探索，提升探究能力。

一是关注幼儿探究的过程体验。《3—6岁儿童学习与发展指南》指出，要让幼儿"在探究中认识周围事物和现象，能感知和发现简单的物理现象""能对事物或现象进行观察比较，发现其相同与不同"。为此，活动选择了三种球（海绵球、毛绒球、海洋球），让幼儿通过两次探究操作，激发探究兴趣，了解事物的特征。

二是关注幼儿观点的表达。本次活动联系幼儿的生活经验，引导幼儿大胆猜测并验证自己的想法，比较和探究材料的不同，体验探索的乐趣。本次活动关注幼儿的表达与表现，支持幼儿条理分明地表述自己的观点。

（二）活动目标

幼儿尝试用猜测、观察、比较的方法探索小球的特性。

幼儿乐于探索并条理分明地表述自己的观点。

（三）活动准备

经验准备：认识并玩过多种不同的球。

物质准备：海绵球、毛绒球、海洋球、有盖子的瓶子等。

直径 6 厘米的海绵球

直径 6 厘米的毛绒球

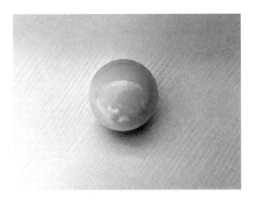
直径 6 厘米的海洋球

(四) 活动过程

1. 说说看看

呈现海绵球、毛绒球和海洋球。

观察与比较：你们玩过这三个球吗？它们有哪些不一样？

小结：这三个球大小一样，颜色和材质不一样。

（设计意图：此环节让幼儿回忆已有经验，说说事物的不同。）

2. 谁能装进瓶子里

过渡：它们要把自己装进这个瓶子里，你们觉得可能吗？

猜测：你觉得这三个球都能装进去吗？

请幼儿验证自己的猜测。

交代要求：每一个球都要试一试，看看哪个球能装进去。

分享交流：谁来说说你的发现？

重点提问：为什么三个球一样大，海洋球不能装进去，海绵球、毛绒球却可以呢？

小结：原来海洋球硬硬的，没有弹性；海绵球、毛绒球软软的、有弹性，一捏就变小了，就能装进瓶子里了。

3. 谁能装得多

猜测：用瓶子装毛绒球和海绵球，哪种球装得多？

请幼儿动手试一试，验证自己的猜测。

交代要求：每个瓶子里放同一种材质的球，并记住数量。

幼儿操作

分享交流：瓶子里的毛绒球多，还是海绵球多？为什么？

小结：海绵球更有弹性，用力捏，能变得很小，所以装得最多。

4. 魔术表演

提问：猜一猜，我的手里藏了多少个海绵球呢？（10个）

总结：海绵球弹性好，我的手里可以放10个，你们能放几个？

（五）活动提示

活动材料丰富，多数为圆形的小球。为了避免小球滚落，建议提供相应的盒子或篮子盛放小球。

（六）活动反思

"神奇的小球"是一次有趣好玩的活动,链接中班主题"玩具总动员"核心经验,以游戏的方式探究海绵弹性,聚焦中班幼儿观察与比较的能力,活动环节紧凑,幼儿兴趣浓厚。

1. 活动亮点

（1）环节设计巧妙有层次性。第一次实验,3个球中只有2个可以装进瓶子;第二次实验让幼儿探索瓶子里可以放多少个相同材质的球。

（2）活动过程以游戏贯穿始终,教师以变魔术的方式导入活动,充分激发幼儿参与活动的兴趣。

（3）教师细致观察幼儿的学习情况,适时给予引导。如发现幼儿在两个瓶子里放入同样数量的球时,教师就让他再试试哪个瓶子里还能多放一些球。

2. 问题与改进

需要进一步思考材料设计的严谨性。活动中的三种球大小并不是完全一样,尤其是毛绒球,与海绵球相比大小有差异,不利于幼儿比较。本次活动的难点是感受海绵的弹性,教师在回应、梳理以及最后的小结中应对海绵球的弹性进行详细说明。

（七）奇思妙想

海绵球还藏有许多秘密,遇到水又会发生怎样的变化? 在个别化学习活动中,还有多种多样的球类材料,请你去探索。

（八）科学揭秘

海绵球里有很多空隙,是有弹性的物体,受到压力就会变小,并产生弹性形变。弹性形变是指物体在外力的作用下发生形变,当外力撤销后,物体又恢复原状。

（设计者　上海市嘉定区安亭幼儿园　徐森鑫）

七、活动"纸球进洞"

主题：玩具总动员。

主题核心经验：了解玩具的不同性能和作用。

科学知识：不同玩具有不同性能。

科学方法与能力：猜想、观察、比较、质疑与交流。

（一）设计思路

在主题"玩具总动员"的开展过程中，幼儿对球是如何掉落的，球是如何滚动的现象感到非常好奇。为了引发幼儿对事物的关注，支持和引导他们进一步深入探究，开展了本次科学探索活动。

一是利用认知冲突，激发幼儿的探索兴趣。如果把一个细小的物体吹进空塑料瓶，应该很简单，实际情况却恰恰相反，这个有趣的现象就是"伯努利效应"：看似"空"的塑料瓶实际却是"满"的，当吹进去的气流比瓶内静止空气的压强低时，纸团不但吹不进瓶子，还会被瓶内的空气推出来。

二是利用生活现象，培养幼儿的探究能力。本次活动从对瓶子和纸球的创意玩法，再联系到该物理现象在生活中的发明，体现了中班幼儿初步探究的过程。

三是关注幼儿的探究过程。在"纸球进洞"的游戏中，教师和幼儿一起分享有趣的现象，引发幼儿的观察、比较、猜测、质疑和思考，发展幼儿初步的探究意识。

（二）活动目标

幼儿仔细观察"纸球进洞"的有趣现象，对实验感兴趣。

幼儿能大胆表达自己的发现，有进一步探索的愿望。

（三）活动准备

经验准备：幼儿在个别化活动中玩过瓶子和纸球。

物质准备：空塑料瓶、人手1份小纸球、低结构探索材料若干。

手工纸揉成的纸球

空塑料瓶

低结构探索材料

（四）活动过程

1. 仔细观察"纸球进洞"的有趣现象，尝试表达自己的发现

重点提问：这几天，我们都在玩纸球和瓶子，你是怎么玩的？当你尝试不同玩法时，纸球有什么变化？

幼儿自主探索玩法。

指导重点：引导幼儿仔细观察纸球放入瓶子后的运动方式。

分享：你是怎么玩的？有什么发现？

（设计意图：请幼儿自主探索纸球和瓶子的玩法，熟悉材料特性。活动中，幼儿提出了很多发现：小球可以在瓶子里滚来滚去；转动瓶子时，小球跟着转；上下晃动瓶子时，小球在瓶子里蹦蹦跳跳等。）

2. 感受吹球进洞实验的有趣

介绍规则：塑料瓶放平不动，纸球放在塑料瓶口，对着瓶口吹气。

幼儿初次游戏。

交流互动：你们发现了什么？

（设计意图：吹球进洞实验打破了幼儿的原有认知和想法，引发幼儿对"小球为什么不进洞"的思考。）

3. 尝试不同材料，进行推断并验证猜想

播放小动画：呈现小球不进洞的"伯努利现象"。

提问：如果把纸球换成其他材料，结果会怎样？

幼儿尝试新材料。

质疑：如果改变材料的形状或者大小，又会发生什么样的现象？

小结：利用不同的材料进行吹球进洞实验，可能会得到不同的结果。稍微改变材料的形状和大小，就会发生变化。

（设计意图：教师用动画的形式帮助幼儿感受"伯努利现象"：瓶口气流速度快，压强小于瓶内，故纸球被瓶内空气推出来。）

4. 活动延伸

在科探区投放更多材料，鼓励幼儿自己寻找材料进行探索。

请家长和孩子们共同探索，通过查阅资料、查看图片、操作实验等，尝试了解现象背后的科学原理。

（五）活动提示

本次实验的材料比较小，教师应提醒幼儿不能塞入口鼻，避免危险。塑料瓶需要清洗干净，保证实验材料的安全性。

（六）活动反思

《幼儿园教育指导纲要（试行）》中指出，尽量创造条件让幼儿实际参加探究活动，使他们感受科学探究的过程和方法，体验发现的乐趣。本次活动"纸球进洞"，从幼儿角度出发，凸显探究自主性，逐步提升幼儿发现问题、解决问题的能力。

1. 活动亮点

（1）教师利用"伯努利效应"的原理设计了本次活动，引导幼儿在感知体验中动手动脑、大胆猜测。

（2）活动中，教师不断抛出问题，引发幼儿认知冲突，并利用动画视频帮助幼儿解惑，最后出示实验材料，让幼儿动手验证。

2. 问题与改进

可以多提供一些案例让幼儿了解"伯努利现象"在生活中的应用，如飞机能够上天、喷雾器的工作原理等。

（七）奇思妙想

假如我们将两张纸平平地放到嘴边，然后朝着两张纸中间吹一口气，纸是朝两边张开还是向中间靠拢？我们一起去找一找这样的现象，把你的发现分享给大家。

（八）科学揭秘

在水流或气流里，流速越快的位置，产生的压强就越小，这就是"伯努利原理"。在日常生活中，人们常常会碰到这些情况：海面上有船吸现象，在水流湍急的江河里游泳很危险，大风掀翻屋顶或压垮大桥，球场上出现香蕉球（弧线球）等。这些都跟"伯努利原理"有关。

（设计者：上海市嘉定区震川幼儿园　林巧珍　洪　岑）

八、活动"动物马戏城"

主题：玩具总动员。

主题核心经验：乐于探索各种玩具的玩法。

科学知识与内容：尝试各种玩具的玩法。

科学方法与能力：观察、比较、猜测、验证。

（一）设计思路

户外活动中，彩虹桥、梅花桩、跷跷板等都是幼儿感兴趣的游戏材料。本次活动在幼儿对平衡认识的基础上进行迁移与再设计。

一是关注幼儿兴趣点。活动以平衡木为载体，导入动物马戏城情境，让幼儿对平衡现象进行反复猜测与实验。

二是关注活动冲突点。本次活动聚焦平衡与轻重、距离之间的关系，不断引发幼儿观察、比较、猜测、提问、交流，让幼儿将猜想与实践操作建立联系。

（二）活动目标

幼儿玩平衡木，感知平衡与轻重、距离之间的关系。

幼儿对平衡现象感兴趣并能较为清晰地表述自己的发现。

（三）活动准备

经验准备：幼儿在生活中积累了有关平衡的经验。

物质准备：平衡木、兔子夹子、"动物马戏城"PPT等。

（四）活动过程

1. 建造平衡木

观看PPT，介绍动物马戏城新买的表演材料——平衡木。

未组装的"平衡木"　　　　　　　　兔子夹子

提问：怎样把木棒固定在支架上？

幼儿操作。

分享交流：你是如何让木棒保持平衡的？夹子夹在木棒的哪些位置上才能让木棒保持平衡？

小结：原来，木棒两边距离一样就平衡了。

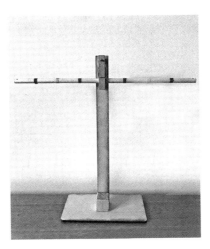

组装后的"平衡木"

（设计意图：在操作时，鼓励幼儿发现夹子位置与木棒平衡之间的关系；在分享时，通过提问与追问帮助幼儿回忆操作过程，并让幼儿用语言清晰地表述出来。）

2．玩玩平衡木

（1）重量相同的两只"兔子"玩平衡

猜测：两只一样重的"兔子"一起跳上平衡木，平衡木还会保持平衡吗？

PPT 页面呈现 2 只"兔子"的位置

幼儿操作。

分享交流。

小结：两只一样重的"兔子"站在平衡木两边，距离中间的位置一样就能保持平衡，距离中间的位置不一样就会倾斜。

两只相同的"兔子"玩平衡

（2）重量相同的三只"兔子"玩平衡

猜测：三只一样重的"兔子"站在平衡木上还能保持平衡吗？能不能找到让它们平衡的好办法？

PPT 页面呈现 3 只"兔子"的位置

幼儿操作。

分享交流。

小结：只要调整好三只"兔子"在平衡木上的位置，也能让平衡木保持平衡。

总结：原来平衡木能否保持平衡跟"兔子"站在平衡木上的位置以及"兔子"的轻重有关。

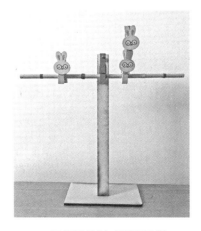

三只相同的"兔子"玩平衡

（设计意图：幼儿在兔子夹子找平衡的游戏中采用观察、猜测、提问、交流等方式解决问题，提升思维能力。）

3. 有趣的平衡木

出示不平衡的平衡木，引发幼儿讨论。

猜测：如果动物朋友还想玩平衡游戏，可以怎么玩呢？

不平衡的"平衡木"

（设计意图：打破幼儿的思维定式，让幼儿在问题解决的过程中，探寻影响平衡的因素有哪些。）

（五）活动提示

考虑到现场操作材料的使用与消耗，建议多备几套平衡木以及兔子夹子。

（六）活动反思

本次活动让幼儿在游戏的过程中探索平衡木上物体的重量、位置与平衡的关系。

1. 活动亮点

学具平衡木由六个部分组成：底座、配重用小木块、支架、小木棒、夹子、夹子与支架的连接轴。材料简便,易于准备。同时,配重用小木块让平衡木不会倾倒,小木棒上贴着不同颜色的刻度,让幼儿的操作可以被量化。涉及平衡的要素有重量、位置、密度、数量、重心、摆放方式等,本活动选择了物体重量与位置关系两个因素让幼儿进行探索,难度适宜,活动效果较好。

2. 问题与改进

本次活动共涉及三次探究操作,需要进一步思考环节与环节之间的有效衔接,避免拖沓。

(七) 奇思妙想

生活中,你还发现了哪些关于平衡的小发明、小创造呢? 让我们一起去观察、发现、交流吧。

(八) 科学揭秘

桌面上的花瓶、天花板上悬挂的吊灯、在平直的道路上匀速行驶的汽车,虽然它们都受到力的作用,但都保持静止或匀速直线运动状态,我们就说这几个力相互平衡,物体处于平衡状态。平衡可分为静态平衡和动态平衡。

(设计者:上海市嘉定区桃园幼儿园 朱敏燕)

九、活动"花园里的秘密"

主题：春天来了。

主题核心经验：感受大自然美丽的景色。

科学知识与内容：用多种感官探索发现花园里的自然物，感受季节的特征。

科学方法与能力：观察、比较。

（一）设计思路

大自然中有嫩绿的新芽、含苞待放的花朵，这些蓬勃的生命不断激发着幼儿的好奇心。在主题活动"春天来了"开展的过程中，幼儿经常会到户外去观察。他们时常提出各种问题：玉兰花开的时候为什么没有树叶？春天里树叶都是绿的吗？小蚂蚁聚在一起是在搬家吗？《幼儿园教育指导纲要（试行）》明确指出：教师要善于发现幼儿感兴趣的事物，把握时机，积极引导。因此，为了满足幼儿对春天的探索兴趣，开展了本次自然探索活动。

中班幼儿的观察维度比较单一，并且许多探索方法的使用是无意识的。如，幼儿在观察花的过程中，大多运用视觉收集观察信息，对花的颜色和形状记忆深刻。摸、闻、听等方法往往会被他们忽略或遗忘。本次活动通过集体感受、交流讨论、实践探索等方式帮助幼儿拓展感受的方法，使幼儿多感官体验大自然的美好。

本活动先从回顾幼儿整体经验入手，再逐步聚焦，以植物为抓手推动幼儿运用不同感官感受自然的多元性，最后让幼儿戴上眼罩，用最放松的姿态感受自然的美妙。活动中幼儿的观察由粗到细、由浅入深，探索的方法也由少到多，由个体到共享。

（二）活动目标

幼儿运用多种感官探索花园里的自然物，有进一步探索自然的兴趣。

幼儿能大胆清晰地表达自己的发现。

(三) 活动准备

经验准备：幼儿有户外活动的经验，了解户外四季的景色特点。

物质准备：小红旗、眼罩、餐巾纸。

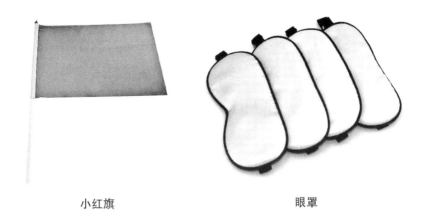

小红旗   眼罩

(四) 活动过程

1. 经验回顾

幼儿集体坐在幼儿园花园的草地上。

提问：最近我们在花园里找秘密，你们在这里发现了什么？

小结：幼儿园的花园真美，花园里有那么多有趣的事物。

（设计意图：本环节让幼儿在大自然的环境中交流自己的已有经验，以回忆的形式感受大自然中动植物的变化，为探索环节做铺垫。）

2. 闭上眼睛

过渡：刚才你们用眼睛发现了花园里那么多的秘密，如果闭上眼睛，你还能发现花园里的秘密吗？（幼儿围成圈，戴上眼罩，躺在草地上感受。）

提问：躺在草地上，你感觉到了什么？

鼻子闻到了什么？是怎样的味道？

小结：躺在草地上，小草碰着我们的皮肤柔柔的、软软的；鼻子能闻到小草的清香；风吹在身上，凉凉的；阳光照在身上，暖暖的，大自然多美妙呀！

（设计意图：教师鼓励幼儿综合运用身体的各种感官感受大自然的美妙。）

3. 感官运用

过渡：除了我们的小眼睛，我们身上的各种器官都能够感受到自然的秘密。我们的花园里还藏着什么样的秘密呢？让我们再到花园里去找一找吧！

幼儿探索：

（1）可以用你的鼻子、眼睛、小手等去看一看、闻一闻、摸一摸，一起发现花园里的秘密。

（2）（出示红旗）如果你在哪里有新的发现，就在你发现的地方插上一面小红旗。

（3）请你把新发现分享给伙伴们。

观察要点：观察幼儿是否能静下心来仔细观察。

观察幼儿在寻找发现的过程中能否充分运用各种身体感官。

提问：请说说你们的发现，你们运用了身体的什么器官，发现了什么？

小结：我们的眼睛、小手、鼻子、耳朵能帮助我们探索到很多的秘密，是我们探索自然的好帮手。

（设计意图：教师根据幼儿现场的发现捕捉亮点，使个体经验转化为集体经验，丰富幼儿的感官体验，积累探索的方法。）

4. 活动延伸

如果在清晨或者晚上来到花园里，我们的感受会一样吗？

（五）活动提示

1. 幼儿分散探索时需提醒幼儿探索的大致区域，避免幼儿太过分散，教师无法关注。

2. 提醒幼儿爱护动植物，对幼儿适时进行生命教育。

（六）活动反思

1. 活动亮点

（1）创新活动模式。幼儿时常会提出各种问题，如：玉兰花开的时候为什么没有树叶？春天里树叶都是绿的吗？小蚂蚁聚在一起是在搬家吗？每次都会被幼儿们的好奇心以及锲而不舍的探究热情深深打动,不禁感慨儿童是天生的科学家。"花园里有什么"不同于以往的室内教学模式,我们将课堂搬到户外,在真实的环境中让幼儿感知、体验。

(2)关注探究能力。科学探索活动源于我们对幼儿学习特点的思考,《3—6岁儿童学习与发展指南》中指出幼儿的学习方式是"直接感知、实际操作、亲身体验",大自然是儿童探索的乐园。活动"花园里有什么"通过集体感受、交流讨论、实践探索等方式帮助幼儿积累感受自然的方法,体验大自然的美好。

2. 问题与改进

由于户外环境存在不确定因素,教师对于场地环境的选择要慎重,要尽量保证环境的安全性。同时,教师要对幼儿的发现及时进行回应、梳理和小结。

(七) 奇思妙想

1. 鼓励幼儿在不同的时间段或不同季节探索花园中的自然事物。

2. 在探索区中投放纸、笔和录音笔等材料,鼓励幼儿将观察到的自然现象记录下来。

(八) 科学揭秘

一年四季有着明显的季节特征,春天万物复苏,夏天酷暑炎热,秋天果实丰收,冬天干燥寒冷。幼儿走进大自然,用视觉、听觉、嗅觉等感受不同季节带给自己的不同感受,探索四季轮换的自然规律。

(设计者:上海市嘉定区安亭幼儿园　陈　佳)

十、活动"植物的膨胀"

主题: 春天来了。

主题核心经验: 知道春天是植物播种和生长的季节。

科学知识与内容: 植物遇水会出现膨胀的现象。

科学方法与能力: 观察、比较、猜测。

(一) 设计思路

幼儿种植收集来的种子,对种子遇水膨胀产生了浓厚的兴趣。"红豆喝了水就变大了,变胖了!""黄豆喝了水也变大了。"为了解答幼儿们心中的困惑,特设计了本次关于"植物的膨胀"的科学探究活动。

一是形式多样,培养科学探究能力。活动通过两次实验操作,让幼儿在猜测、观察、验证中发现材料遇水膨胀的现象,在真实的体验中感受膨胀现象的有趣。

二是多感官体验。幼儿调动视觉、嗅觉、触觉等多种感官感受材料的特性以及遇水膨胀后的变化。同时,借助多媒体课件,帮助幼儿了解物体膨胀的原因,以及膨胀现象给我们生活带来的便捷。

三是注重表述,培养科学思维。活动给予幼儿充分的机会,让幼儿将自己的猜测、观察和发现用语言表达出来,不断提升幼儿的语言表达能力以及科学思维能力。

(二) 活动目标

幼儿通过观察比较,体验物体膨胀的有趣现象。

幼儿乐意大胆猜测,表达自己的想法。

(三) 活动准备

经验准备:幼儿做过种子发芽实验,对膨胀现象有初步的了解。

物质准备：紫菜、胖大海、黑木耳、菊花、水宝宝、海绵、压缩毛巾、水、记录表、视频等。

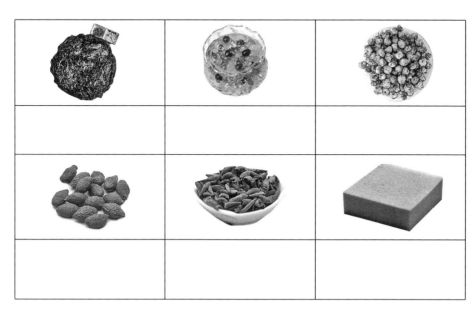

记录表

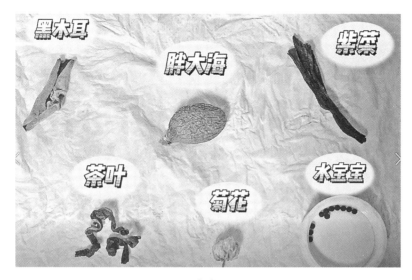

视频

(四) 活动过程

1. 问题导入, 分享记录, 提出问题

回顾: 红豆发生了什么变化?

分享: 还有哪些东西遇水会膨胀?

过渡: 它们膨胀的速度一样吗? 膨胀后的大小一样吗?

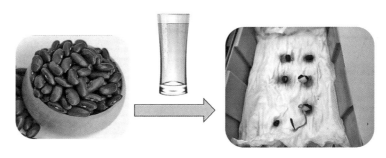

红豆种子的变化

幼儿调查问卷

(设计意图: 首先, 帮助幼儿回忆自然探索区中种子发芽的现象, 引出膨胀原理; 其次, 请幼儿在家调查哪些东西遇水会膨胀, 分享调查记录, 教师进行梳理。)

2. 幼儿运用已有经验初步感知物体膨胀的特点

猜测：绿茶和菊花会膨胀吗？（出示绿茶和菊花，请幼儿说一说并进行猜测。）

实验：(1) 分成 4 组，每组 3 人。

(2) 把材料同时放进水中，进行观察。

分享交流：你发现了什么？和你的猜想一样吗？

小结：原来生活中有些东西遇水会膨胀，不一样的东西膨胀速度也不一样，膨胀大小也不一样。

（设计意图：让幼儿运用已有经验初步感知物体膨胀的特点，经历猜测、观察、比较发现的探究过程。根据观察的结果，教师帮忙梳理、总结、记录。）

3. 观察比较，进一步感知物体膨胀前后的变化

提问：材料放进水里之后有什么不一样？

实验：教师提供 2—3 种材料进行实验。（膨胀变化比较大的材料，如黑木耳、胖大海、紫菜等。）

分享交流：说说你们的发现，和你们猜想的一样吗？

播放视频，观看膨胀现象。

小结：材料被放进水里后，会发生膨胀现象，会变大，摸上去更软。

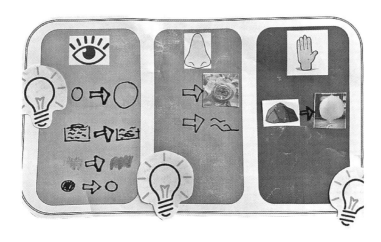

在白板上呈现实验发现过程

（设计意图：幼儿调动感官去观察比较材料的前后变化，对材料的膨胀现象有更深入的了解，并运用简单的图符进行记录。）

4．回归生活，体验探索的乐趣

科学体验：生活中有许多东西，比如各种食品、压缩面膜、尿不湿等，携带非常方便，也能迅速膨胀。它们给我们的生活带来很多便捷，而且还有一些产品为人们的生命、财产安全提供保障，如膨胀沙袋、救生圈等。

拓展经验：观看相关视频。

（设计意图：分享膨胀在生活中的应用，让幼儿了解膨胀现象不仅为我们的生活提供便捷，还为人们的生命、财产提供安全保障。）

（五）活动提示

实验过程中，水温高，膨胀速度较快。为了让幼儿观察到明显的膨胀现象，同时考虑实验的安全性，建议使用水温为 40 摄氏度左右的水进行实验。

（六）活动反思

1．活动亮点

（1）活动的选材来源于幼儿的生活，如紫菜、菊花、黑木耳等，都是幼儿熟悉的材料，便于幼儿操作。

（2）幼儿在玩中学，充分感知物体膨胀的有趣现象，并在操作中学会观察和比较物体的变化。

（3）活动环节设计具有层次性，鼓励幼儿大胆猜测，通过实验来进行验证，不断提高自我的反思能力。

2．问题与改进

活动调查与第一次实验操作都是让幼儿了解哪些物体在水中会膨胀，内容较多，也略琐碎，无法体现对膨胀特点的认识。在第一次实验时，教师可以引导幼儿有意识地了解一些膨胀的特点，比如哪些材料膨胀的速度最快，哪些材料膨胀的体积变化最大等，为第二次实验的观察和比较奠定基础。

（七）奇思妙想

生活中还有哪些有趣的膨胀现象？如果没有水，物体会发生膨胀吗？我们吃的爆米花是膨胀现象吗?

(八) 科学揭秘

由于温度升高或其他因素,物体的长度增加或体积增大,这就是膨胀现象。固体、液体、气体都有膨胀现象,比如:干木耳放进水里后体积慢慢变大,气球吹气就会变大。

(设计者:上海市嘉定区安亭幼儿园　朱　晔)

第三节　大班科学领域集体活动
案例精选

　　我们在设计大班科学活动时，更关注大班幼儿探究中的问题，以幼儿的问题作为探究的重点内容，让幼儿真正成为科学探究与学习的主体。我们充分挖掘幼儿学习的自主性，在探究活动中支持和引导幼儿对周围世界进行主动探究。

　　通过创设有挑战的问题情境，提供适宜的探究材料，引发幼儿的探究兴趣，鼓励幼儿进行假设，并在探究中用简单的方法验证自己的猜测，尝试进行简单的推理和分析，发现事物之间的联系。幼儿在互动交流中大胆、清晰地表述自己的问题、猜测和发现等，在观察操作、比较发现中提升科学素养，提升学习品质。

一、活动"小小杂技师"

主题: 我是中国人。

主题核心经验: 了解我国多彩的民间活动。

科学知识与内容: 平衡(重心移动)。

科学方法与能力: 观察、比较、猜测。

(一) 设计思路

《3—6岁儿童学习与发展指南》指出,激发幼儿的好奇心和探究欲望,支持和鼓励幼儿的探究行为,应注重引导幼儿通过直接感知、亲身体验和实际操作进行科学学习。活动"小小杂技师"能满足幼儿的探究兴趣,鼓励幼儿积极提问,动手操作,充分获得探究的乐趣。

一是关注幼儿探究兴趣。幼儿在欣赏了中国杂技表演"顶碗"后,也尝试用笔玩了起来。为满足幼儿的兴趣与需求,我们在个别化学习中提供了材料,让幼儿模仿杂技演员用笔顶纸盘。二是关注高结构活动和低结构活动的转换。当幼儿在低结构活动中能用笔或手指顶起纸盘后,我们就思考如何进行活动的推进。本活动在幼儿对平面形状的平衡有了一定了解后,对"杂技师还能顶起哪些东西?"思考的基础上进行了结构化的设计,让幼儿产生认知冲突,引发新的探索。三是关注问题解决支架的搭建。活动中利用材料、板书、记录等方式搭建幼儿解决问题的支架,激发幼儿去探究杂技演员保持平衡的方法,积累科学探究的经验。

(二) 活动目标

幼儿不断探索"小鸟"的平衡点,发现使"小鸟"保持平衡的方法。

幼儿能有条理地表达自己的发现,体验探索平衡奥秘的乐趣。

(三) 活动准备

经验准备:幼儿有用笔顶纸盘的经验,会使用回形针。

物质准备："小鸟"塑料片人手 2 个、回形针人手 2 个、支架人手 1 个、笔、PPT。

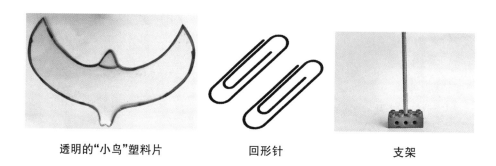

透明的"小鸟"塑料片　　　　回形针　　　　　支架

（四）活动过程

1. 导入

提问：你们最近都在学做杂技演员，玩用笔顶纸盘的游戏，这个游戏成功的窍门在哪里？

小结：像圆形、正方形这样的纸盘只要找到中心点，就能稳稳地立在笔尖上。

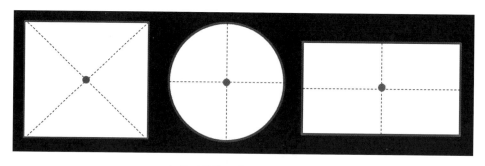

各种形状的纸盘（标出中心点）

（设计意图：让幼儿说说用笔顶各种不同形状纸盘的经验，梳理幼儿的操作方法，为后续的探究环节做铺垫。）

2. 探索平衡鸟

（1）第一次操作：寻找"小鸟"的平衡点

出示"小鸟"塑料片，引发幼儿的探究。

提问：你们能让这只"小鸟"也稳稳地立在笔尖上吗？

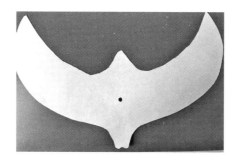

幼儿猜测的平衡点位置

幼儿操作：尝试找"小鸟"的平衡点。

交流：说说你们的发现，和猜想的一样吗？

小结：通过实验，你们发现了让"小鸟"平衡的点在小鸟的"脖子"上。

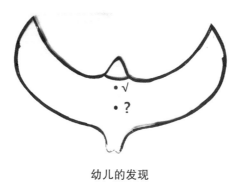

幼儿的发现

（2）第二次操作：借助回形针，继续寻找"小鸟"的平衡点

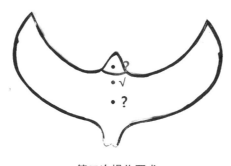

第二次操作要求

猜测：如果给你 2 个回形针，你会把回形针夹在"小鸟"身体的哪些部位上呢？

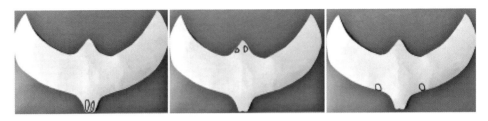

幼儿第二次猜测结果

幼儿操作：每人 2 个回形针，尝试借助回形针，让"小鸟"保持平衡。找到"小鸟"的平衡点，用记号笔做好标记。

交流：用了回形针，你们有什么新发现？

小结：回形针夹在两边的翅膀上，笔顶在"小鸟"的"头部"能够保持平衡；回形针夹在"小鸟"的尾巴上，笔顶在"小鸟"的"肚子"上也可以保持平衡。

提升：回形针位置发生变化，"小鸟"的平衡点也会发生变化。

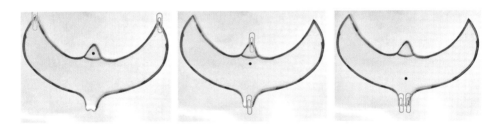

平衡点移动的轨迹

（设计意图：幼儿通过两次操作实验寻找让"小鸟"平衡的点，在不断探究的过程中，运用已有经验去猜测、尝试、发现、分享，打破思维定式，积累新经验。）

3. 活动延伸

提问：笔顶在"小鸟"尖尖的嘴巴上，"小鸟"还能保持平衡吗？不用回形针，还有其他方法吗？

（五）活动提示

1. 活动中使用的铅笔较细长，提醒幼儿不能用笔对着同伴，不能拿着笔快速走动。

2. 建议一张桌子安排两名幼儿进行操作,减少同伴间的干扰。

(六) 活动反思

1. 活动亮点

(1) 幼儿是乐于探究与挑战的。本活动是幼儿不断探究平衡奥秘的过程,也是幼儿运用已有经验自主建构新经验的过程。

(2) 可视化材料便于幼儿观察。幼儿在科学活动中通过观察来提出问题、解决问题,所以可视化的操作材料能够支持幼儿的观察行为。在活动设计、实施的过程中,教师对材料进行了可视化设计。如"小鸟"透明化,让幼儿能够直接观察到平衡点的位置,用记号笔进行准确标记;同时在集体分享时,让幼儿将"小鸟"叠放对比不同的平衡点。再如彩色回形针的使用,与银色回形针相比,彩色回形针在"小鸟"身上的位置更清晰,方便幼儿观察。

2. 问题与改进

延伸环节中的游戏视频可以延后,让幼儿继续在活动中探究,产生更多的思考。

(七) 奇思妙想

小小杂技演员们,如果把"小鸟"替换成其他物品,你还能寻找到让其保持平衡的点吗? 赶快去试试看吧!

(八) 科学揭秘

本活动看似是让幼儿寻找"小鸟"的平衡点,实际是让幼儿探寻重心移动的现象。重心,是在重力场中,物体处于任何方位时,所有各组成支点的重力的合力都通过的那一点。规则而密度均匀物体的重心就是它的几何中心,如球的重心在球心,粗细均匀的直棒的重心在它的中点。不规则物体的重心,如均匀薄板,可以用悬挂法来确定。

(设计者:上海市嘉定区菊园幼儿园　郁　琼)

二、活动"会倒立的小丑"

主题：我是中国人。

主题核心经验：感受多彩的传统民间活动。

科学知识与内容：感知力的平衡。

科学方法与能力：观察、比较、猜测、实验、分享发现。

（一）设计思路

幼儿在体验一些传统民间游戏时产生了好奇，如：不倒翁为什么不倒？人为什么能在钢丝上行走？为了满足幼儿的好奇心，特创设了"会倒立的小丑"的科学探究活动。本次活动的探索内容与大班主题"我是中国人"的核心经验链接，让幼儿进一步体验民间游戏的有趣。

本活动重视探究过程，积极调动幼儿关于平衡的已有经验，鼓励他们在原有经验的基础上进行猜想和假设；探索后的分享环节，积极鼓励幼儿进行相互交流，培养幼儿在科学探究中的思维能力；注重问题的深化，为幼儿创设不断探究的情境，激发幼儿对探究的浓厚兴趣。

（二）活动目标

幼儿观察、比较，大胆猜测，探索发现小丑卡片倒立的方法。

幼儿能清楚表达自己的观点，感受挑战成功的喜悦。

（三）活动准备

经验准备：幼儿玩过平衡游戏，知道将方形、三角形透明板的中心点立在吸管上能保持平衡。

物质准备：自制小丑卡片，支撑底座（彩泥、吸管组合），硬币，回形针，长尾夹。

小丑卡片 支撑底座 硬币、回形针、长尾夹

(四) 活动过程

1. 经验回顾

分享：如何摆放透明板，就能让它站在吸管上？

小结：只有将透明板的中心点放在吸管上，它才能在吸管上保持平衡。

个别化活动中探究结果的梳理

(设计意图：请幼儿说说个别化学习活动中的发现,教师梳理幼儿零散的经验,鼓励幼儿表达探索中的困惑,生成探究的内容。如：透明板水平放才能保持平衡,垂直摆放就不能保持平衡,这是为什么?)

2. 倒立游戏

(1)探索一：在"小丑"身上贴硬币,让"小丑"倒立

导入："小丑"要表演倒立,但是没能成功,想请朋友们来帮忙。

出示2枚硬币,探索"小丑"倒立的方式。

提问：硬币贴在哪里能让"小丑"成功倒立?

猜测：教师记录幼儿的猜测。

实验要求：将2枚硬币贴在"小丑"身上,硬币不能碰到吸管。

提问："小丑"倒立成功了吗? 和你们猜测的一样吗? 你把硬币贴在哪里了?

小结："小丑"本来不能倒立在吸管上,但把2枚硬币分别贴在"小丑"的两只手上,就能让"小丑"倒立了,真有趣。

在黑板上呈现猜测与实验结果

实验成功的结果

(2)探索二：探索夹不同重量的物体,让"小丑"倒立

观察：让幼儿仔细观察回形针、长尾夹,猜测是否能用回形针、长尾夹让"小丑"倒立。

实验要求：每次使用一种材料夹在"小丑"的手上。

提问：你们发现了什么?

小结：原来"小丑"倒立还和夹在"小丑"手上的物体的重量有关,重的能成

功,太轻的不能成功。

（设计意图：在引导幼儿感知"小丑"倒立与辅助物关系时,教师提供了长尾夹和回形针两种材料,引导幼儿进一步感知"小丑"倒立还与物体的轻重有关。幼儿大胆猜测,直观对比实验结果,形成初步的反思能力。）

3. 拓展延伸

游戏体验:"小丑"还可以在哪里玩倒立?

小结:"小丑"倒立真好玩,"小丑"不仅能在吸管上倒立,还能在我们的手指、鼻子上倒立。

拓展经验:观看杂技演员走钢丝视频。

（设计意图:幼儿通过在自己的身体上玩一玩"小丑"倒立的游戏,进一步体验民间游戏的有趣。幼儿观看走钢丝视频,通过经验迁移,解开了很多关于平衡的困惑。）

（五）活动提示

1. 本次辅助物选择了一元硬币,它重量适当,贴在"小丑"手上能让"小丑"稳稳地倒立。

2. 最好使用新的回形针,固定效果好,方便幼儿操作。

（六）活动反思

1. 活动亮点

（1）幼儿更倾向于从实践中获取信息,通过亲身体验建构关于科学世界的理解。本次活动共设有三次自主探索的机会,帮助他们获得成功的科学体验,经历完整的科学探究过程。

（2）科学探究活动中材料投放不在于多而繁,而在于少而精。硬币、长尾夹、回形针都是经过反复尝试后精选的操作材料,在生活中常见,也便于幼儿操作。

（3）本活动旨在发展幼儿的观察、比较、猜测、表达能力,激发他们的科学探究兴趣,培养他们的科学探究能力。

2. 问题与改进

对于幼儿来说,第一次探索"小丑"倒立与辅助物之间的位置关系更有挑战性,而第二次探索轻重,对幼儿来说没有难度,游戏设计需要增强挑战性。

(七)奇思妙想

我们生活中还有哪些材料能让"小丑"倒立? 我们一起去探索发现吧。

(八)科学揭秘

杂技演员走钢丝就是利用平衡的原理。走钢丝的演员为了使自己身体不会大幅度地左右晃动,手里往往都要拿一根长长的杆子,而且杆子不会被举起来,而是尽量放低,保持身体平衡。长杆可以起到延长手臂,更易保持重力作用线始终通过钢丝的作用。

(设计者:上海市嘉定区鹤栖路幼儿园 何 君)

三、活动"好玩的纸飞机"

主题： 我是中国人。

主题核心经验： 为中国人感到自豪。

科学知识与内容： 改变纸飞机机翼或者尾翼，纸飞机飞行轨迹会发生变化。

科学方法与能力： 观察、比较、猜测、交流。

（一）设计思路

在"我是中国人"主题活动中，幼儿对图画书《折纸飞机的男孩：钱学森的故事》的主人公——钱学森爷爷小时候的故事和纸飞机产生了浓厚的兴趣，纸飞机怎么折？纸飞机怎样可以飞得远？了解到幼儿的兴趣和问题之后，我们特创设了"好玩的纸飞机"的科学探索活动，让幼儿探索纸飞机的飞行原理。

关注环节设计的逻辑性：本次活动基于儿童经验，设计了"飞机平稳向前飞""飞机转弯飞""飞机飞回来"的探索环节，让幼儿逐层递进探索飞机的飞行原理。

过程中关注幼儿科学素养：两次操作前先让幼儿充分猜想尾翼改变对飞机飞行的影响。其次，两次操作都鼓励幼儿仔细观察，探究发现飞机尾翼与飞行轨迹的关系。最后，鼓励幼儿勇敢表达自己的发现和想法。

（二）活动目标

幼儿仔细观察与比较，发现改变飞机尾翼，就能改变飞机的飞行轨迹。

幼儿尝试用清晰的语言表述自己的猜测与发现。

（三）活动准备

经验准备：自主阅读图画书《折纸飞机的男孩：钱学森的故事》，在个别化学习活动中玩过纸飞机。

物质准备：纸飞机、飞行区域（设有起飞线）、视频（纸飞机的不同玩法）。

(四) 活动过程

1. 飞机平稳向前飞

提问：这几天，看了《折纸飞机的男孩：钱学森的故事》后，我们也玩起了纸飞机。怎样能让飞机平稳地向前飞？

图画书内页 1

幼儿自主玩纸飞机后的发现

小结：手持纸飞机，机头正对前方，手腕轻轻向前用力，飞机就能平稳地向前飞。

2. 飞机转弯飞

(1) 第一次探索：飞机会转弯

观察：两架飞机有什么不一样？（一架是左边尾翼向下折，另一架是右边尾翼向下折。）

猜测：这两架飞机，能否平稳地向前飞？

操作要求：3 人一组，站在起飞线上玩纸飞机。（提供已经改变尾翼的飞机。）

教师重点观察幼儿是否能观察到两架飞机飞行轨迹的不同。

分享交流：两架飞机是怎么飞的？

小结：飞机的尾翼向下折一折，飞机就会转弯飞。

(2) 第二次探索：飞机飞回来

猜测：你会怎么改变飞机的尾翼？飞机又会怎么飞呢？

要求：用不同的方法折一折，改变纸飞机的尾翼，仔细看飞机是怎么飞的。

交流：你是如何改变纸飞机尾翼的？改了以后，飞机怎么飞的？

左边尾翼往下折　　　　　　　右边尾翼往下折

小结：飞机的尾翼向不同的方向折，飞机飞的方向就不一样。如果两边的尾翼向下折，飞机还会飞回来。

3. 拓展延伸

观看视频：飞机绕一圈飞回来。

延伸探索：我们可以像小小科学家一样，再去试一试纸飞机有趣的玩法，把不同的玩法拍摄下来，和朋友分享。

图画书内页 2

（五）活动提示

1. 在多次改变纸飞机尾翼形态后，建议更换新的纸飞机。

2. 幼儿在投掷纸飞机时要相互保持距离，以免造成划伤。

（六）活动反思

本次活动以大班幼儿的已有经验为基础，在"我是中国人"的主题背景下，激发幼儿科学探究的兴趣，让幼儿在交流共享中，观察、比较、猜测、实验验证、清晰表述等。

1. 活动亮点

本次活动来源于幼儿的游戏经验，纸飞机是幼儿熟悉的游戏材料，但纸飞机如何飞得远，如何转弯飞，如何飞回来，对这些问题的探究却是幼儿所陌生的，也易于激发幼儿的探究兴趣。其次是活动材料的设计简单且巧妙：通过改变纸飞机尾翼的状态，改变飞机飞行的轨迹，让幼儿探索两者的关系。教师还运用手机慢拍的方式，记录幼儿纸飞机的飞行轨迹，便于幼儿观察与比较。两次探索过程中，教师给予幼儿充分预测的机会，并鼓励幼儿验证自己的预测，清晰地表达自己的发现。

2. 问题与改进

集体分享时，教师将视频的播放速度调慢，呈现幼儿纸飞机的飞行轨迹。现场随机的拍摄有一定的偶然性，教师需要预设几种飞机尾翼不同的飞行轨迹。

（七）奇思妙想

小朋友们都说纸飞机要飞得远，首先要哈一口气，那给纸飞机哈气会不会飞得更好？我们可以去试一试。

在玩纸飞机时，我们都会先哈一口气，希望自己的飞机能比同伴的飞机飞得更远，这是为什么呢？纸飞机机头较小，虽然能减少阻力，但机头质量过轻、机身质量不平均。先哈一口气，湿润后的机头稍重一些，能使机身整体保持平衡，这样飞机才能在空中飞行较长时间。此外，由于纸飞机一般都是向斜上方抛出的，当它与迎面气流相遇的时候，如果机身后部的质量过重，纸飞机就很容易在上升过程中向后翻。所以，机头稍重也能起到带动作用，使得纸飞机不容易后翻。

(八) 科学揭秘

纸飞机是一种用纸做成的玩具飞机。由于它是最容易掌握的一种折纸类型，所以深受人们的喜爱。纸飞机水平尾翼向上或向下折，可以让纸飞机上升或下降。纸飞机的垂直尾翼向左或向右折，可以改变方向；调整尾翼的角度，飞机会转弯。

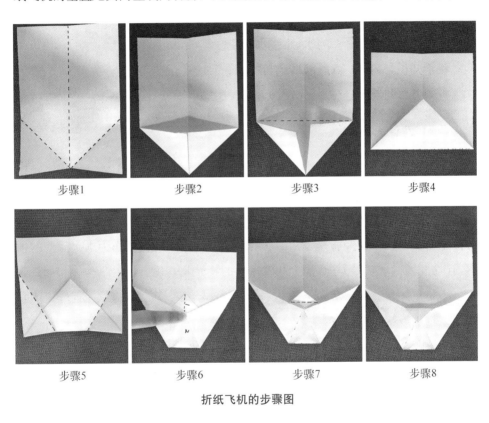

折纸飞机的步骤图

纸飞机侧面展示图

（设计者：上海市嘉定区教育学院　诸佩利）

四、活动"有趣的漩涡"

主题：有趣的水。

主题核心经验：会变的水，感受水的特性。

科学知识与内容：漩涡的形成与特征。

科学方法与能力：观察、比较、记录、表述。

（一）设计思路

在开展主题"有趣的水"的过程中，大班幼儿通过探索和实验，对水的特征、流动、漂浮等有了一定的了解。有些幼儿对马桶冲下去的水充满好奇，他们边笑边谈论着水会快速转着圈圈流下去。有个别幼儿能说出这便是"漩涡"，但大部分孩子对于"漩涡"的经验是零散的、模糊的。所以，以"漩涡"作为本次活动的内容，让幼儿通过玩转漩涡瓶，探究和发现水的特性和变化。

一是重体验。本次活动包括动手操作、深入探索、观察记录等环节，让幼儿在探索过程进行操作和讨论。

二是重分享。鼓励幼儿说出自己的想法，培养幼儿大胆质疑的科学精神和态度。

三是重记录。及时进行记录与交流，支持幼儿有目的地观察，并积累更多的观察方法。

（二）活动目标

幼儿探索制造漩涡的不同方法，仔细观察并尝试记录。

幼儿用完整的语言表述自己的发现。

（三）活动准备

经验准备：幼儿有玩水的经验。

物质准备：自制漩涡瓶、PPT、记录纸、笔。

自制漩涡瓶

(四) 活动过程

1. 直接导入,玩自制材料

出示自制漩涡瓶。

交代规则:用你喜欢的方法玩一玩。

交流分享:你们是怎么玩的? 有什么发现?

若幼儿在操作时出现漩涡,请幼儿上台演示。

若幼儿在操作时没有出现漩涡,呈现视频。(视频为幼儿用自制漩涡瓶制造漩涡的过程。)

提问:瓶子里的水有什么变化?

小结:水快速地旋转,像龙卷风一样,我们叫它漩涡。

(设计意图:出示自制漩涡瓶,引发幼儿玩水的兴趣。)

2. 第二次实验交流,制造漩涡

过渡:还有什么办法能变出漩涡呢?

交代规则:试一试用不同的方法让瓶子里的水变出漩涡。

交流分享:你们变出漩涡了吗? 介绍你的玩法。

小结:你们用了各种方法变出了漩涡,上下摇、转一转、拍打瓶子都能变出漩涡,真有趣。

(设计意图:有目的地进行第二次实验,探索产生漩涡的方法。)

3. 第三次实验交流,记录发现

提问:漩涡是什么样的?请你仔细观察,并记录在纸上。

交代规则:仔细观察漩涡的样子,把你的发现记录在纸上。

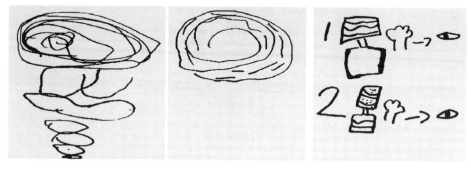

小龚记录的漩涡　　　　　　　　　　　小崔记录的漩涡

(上方左边的两张画是小龚对漩涡的两次记录。第一张画中,他看到漩涡是旋转的,像是打着圈在转,所以他用好几个圈来表示。第二张画中,他转换了观察的角度,从上往下观察漩涡,他说:"我好像看到了一个荷包蛋,圆圆的。"他还用短短的线来表示漩涡的波纹。上方最右侧的画中,我们可以清楚看到第一个漩涡瓶的瓶壁用黑色笔加粗了,这表示幼儿用小手晃动漩涡瓶后,发现上面瓶子里的水沿着下面瓶子的瓶壁缓缓流下。第二个漩涡瓶中的小黑点则表示晃动漩涡瓶时,产生了大量气泡。)

交流分享:你们发现,瓶子里的水发生了什么变化?

小结:有的观察到了漩涡的形状,有的观察到了漩涡的中心,有的观察到水流动的变化,有的注意到水的声音……

(设计意图:引导幼儿仔细观察漩涡的特征,并尝试用自己的方法记录。教师可以指导幼儿多角度观察与记录。)

4. 生活中的漩涡

过渡:我们在生活中也常常看到漩涡,科学家们利用漩涡发明了很多东西,让我们一起来看看。

小结：小小的漩涡本领真大，能给我们的生活带来便利！

（设计意图：本环节结合视频，让幼儿了解漩涡在生活中的应用。）

 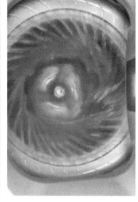

马桶里的漩涡　　　　　　　　洗衣机里的漩涡

（五）活动提示

1. 漩涡瓶中的水选择无色清水，水量达到其中一个瓶子的三分之二即可。

2. 在实验前，请确保漩涡瓶的连接器已拧紧，防止漏水。

（六）活动反思

幼儿探索漩涡形成的过程，寻找制造漩涡的方法，并采用合适的方式记录自己的发现。

1. 活动亮点

（1）内容贴近生活。在"有趣的水"的主题活动中，个别幼儿发现了水快速旋转会形成漩涡，遂引发了探究兴趣。本次活动以漩涡为探索点，让幼儿感受漩涡形成的方式。

（2）幼儿尝试制造漩涡，教师鼓励幼儿用清晰的语言表述自己的发现，逐步提升幼儿的科学素养。

2. 问题与改进

教师要更开放、退后，让幼儿充分表达自己的探索发现与问题。

(七) 奇思妙想

在我们的生活中,你还在哪里见过漩涡呢? 这些漩涡是什么样的? 你能制造出漩涡吗? 带上你的工具和材料来试一试吧!

(八) 科学揭秘

常见的漩涡有水漩涡和风漩涡。风漩涡主要是由高气压快速向低压带中心流动所产生的气流旋转现象。龙卷风是最具漩涡特点的超强旋风,而我们平时也能看到小型旋风,持续时间很短,其特征与龙卷风相似。水漩涡就很简单,水流通过暗道、闸门、海眼下泄,就能产生。漩涡一般是自然现象,人们利用漩涡的强大力量制造出了洗衣机、马桶、漩涡混合器等给人类生活提供便利的机器和设施。

(设计者:上海市嘉定区昌吉路幼儿园　秦　夏)

五、活动"水和洞"

主题： 有趣的水。

主题核心经验： 探究有洞的瓶子与水的关系。

科学知识与内容： 大气压强和水的张力现象。

科学方法与能力： 观察、比较、猜测、实验、表述。

（一）设计思路

在开展主题活动"有趣的水"的过程中，幼儿们已经获取了一些关于水的科学活动经验，如沉与浮等。本次活动建立在幼儿已有经验的基础上，让幼儿深入探究水的不同特性。

一是提升幼儿的思维能力。《3—6岁儿童学习与发展指南》强调，幼儿应通过观察、比较、操作、实验等方法，学习发现问题、分析问题和解决问题。本活动让幼儿在预测、讨论、操作等过程中不断提升观察比较、猜测判断、推理思考等思维能力。

二是培养幼儿的表达能力。倾听与表达是幼儿语言学习不可缺少的，也是幼小衔接的重要能力。本次活动给予幼儿充分表达表现的机会，让幼儿将自己的发现清楚、完整地表述，提升表达能力。

（二）活动目标

幼儿仔细观察与比较，尝试发现有洞的瓶子会漏水的现象，并记录。

幼儿尝试用清晰的语言表达自己的发现。

（三）活动准备

经验准备：幼儿在区角中玩过关于水的游戏，如沉与浮等。

物质准备：有不同洞的瓶子若干，水盆，记录材料，音乐等。

各种有洞的瓶子

记录材料   水盆

（四）活动过程

1. 导入

观察：瓶子上有一个红色的洞。

提问：瓶子里装满了水，让瓶子立起来，会发生什么情况？（教师操作，集体验证。）

小结：瓶子上有洞，水就会漏出来。

（设计意图：提供有洞的瓶子，让幼儿玩游戏，引发他们对水和洞关系的探究。）

2. 第一次实验

提问：在瓶子里装满水，把瓶子立起来，且不能把洞口堵住，能让瓶子不漏水吗？

实验要求：

（1）一人一个瓶子，两个人一个水盆。瓶子放置在水盆中。

（2）在瓶子里装满水，盖上瓶盖，手提瓶口进行观察。

幼儿操作，教师观察：幼儿是否听清要求，是否对发生的现象感兴趣？

重点提问：你看到的现象和你的猜想一样吗？说说你的发现。

小结：原来盖紧瓶口，水就漏不出来了。

（设计意图：幼儿通过自主尝试和观察发现，与已有的认知经验形成冲突，激发探究兴趣。）

使用有一个洞的瓶子进行操作

3. 第二次实验

出示瓶子（上下各有一个洞）。

提问：在这个瓶子里装满水，盖上瓶盖和不盖瓶盖的漏水现象一样吗？说说你的猜想。

投票：教师根据幼儿的猜测，出示统计表，让幼儿投票。

实验要求：一人一个瓶子，两人一个水盆；瓶子放置在水盆中；在瓶子里装满水，幼儿手提瓶口观察盖上瓶盖和不盖瓶盖两种情况下，瓶子的漏水情况；将结果记录在纸上。

幼儿操作，教师观察：幼儿是否记录了实验结果，并与之前的预测进行对比？

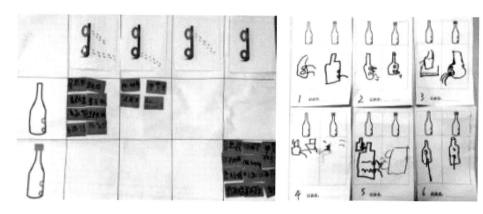

幼儿实验过程中的猜测、记录与发现

使用有两个洞的瓶子进行操作

交流分享：你发现了什么？（关注幼儿对实验现象的描述及记录。）

幼儿预设可能发生的情况：

不盖瓶盖，两个洞都漏水。洞的位置高，水滴落的距离近；洞的位置低，水滴落的距离远；水多，水滴落的距离远；水少，水滴落的距离近。水面高于洞口就会漏水，水面低于洞口不会漏水。

拧紧瓶盖，上面的洞不漏水，下面的洞漏水。

小结：我们发现，不盖瓶盖，两个洞都漏水，上面的洞中，水滴落的距离近，下面的洞中，水滴落的距离远；而拧紧瓶盖，上面的洞不漏水，下面的洞漏水。

（设计意图：这个环节是活动的重点，通过猜测、实验、观察、记录、比较，发现盖瓶盖和不盖瓶盖时，不同洞的漏水现象。实验过程和观察过程对幼儿的思维有很大挑战。）

4. 第三次实验

出示瓶子：这个瓶子和刚刚的瓶子有什么不一样？（有两个洞在瓶子的同一高度。）

重点提问：在这个瓶子里装满水，盖上瓶盖和不盖瓶盖会发生什么情况？

幼儿讨论猜测。

实验要求：一人一个瓶子，两个人一个水盆；瓶子放置在水盆中；在瓶子里装满水，手提瓶口观察盖上瓶盖和不盖瓶盖两种状态下，瓶子的漏水情况；将发现记录在纸上。

幼儿操作，教师观察：幼儿是否记录了实验结果，并与之前的预测进行比较？

交流分享：你发现了什么？

幼儿预设可能发生的情况：

不盖瓶盖，两个洞都漏水，水滴落的距离一样远。

拧紧瓶盖，两个洞都不漏水。

小结：不盖瓶盖，同一高度的两个洞都漏水，水滴落的距离一样远；盖上瓶盖，同一高度的两个洞都不漏水。

使用同一高度有两个洞的
瓶子进行操作

（设计意图：这个环节中的实验现象对幼儿的思维提出了更高的挑战，与前一次实验结果对比，更能引发幼儿的兴趣。）

（五）活动提示

实验操作时要注意水不要洒落在地面和桌椅上，配备好毛巾让幼儿擦拭。同时，让幼儿卷起袖子，避免弄湿衣袖着凉。

（六）活动反思

"水和洞"是有趣、有挑战、有价值的大班幼儿科学活动，能激发幼儿浓厚的探索兴趣。

1. 活动亮点

（1）活动重体验、重发现。本次活动很好体现了"三重"：一重操作体验，二重观察发现，三重体验乐趣。

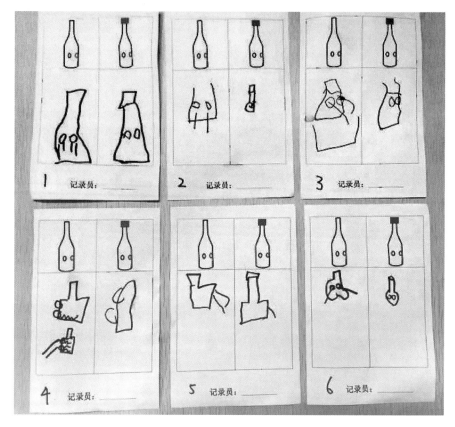

幼儿的记录

（2）活动关注幼儿科学素养。教师注重培养幼儿的学习态度和能力，如活动中让幼儿细致观察、猜测与记录、表达与分享等。

（3）活动设计推动幼儿持续探究。本次活动环节层层递进，不断给予幼儿新的认知冲突，有效激发幼儿持续探究的兴趣。

2. 问题与改进

在分享交流时，教师需进一步树立过程质量意识，关注幼儿之间的差异。

（七）奇思妙想

在这些瓶子里都装水，盖上瓶盖会发生什么现象呢？不盖瓶盖又会发生什么现象呢？我们再一起去观察。（要引导幼儿关注洞口的位置和水量的变化。）

各种有洞的瓶子

（设计意图：在探索区投放更多洞口位置不同、水量不同的矿泉水瓶，鼓励幼儿选择材料进行探索，进一步发现不同条件下水和洞的关系。）

（八）科学揭秘

瓶子里装满水，不盖瓶盖，水就会从瓶子侧面的洞里流出，说明水对瓶的侧面有压强。当把瓶盖拧紧且无外力挤压瓶身时，洞口不会漏水。当打开瓶盖或者用力挤压瓶身时，水就会从洞口流出来。由于瓶盖被盖住，空气进不去，外部压力大于内部，且由于水的表面张力，洞口被覆盖了一层薄薄的水膜，水自然流不出来。当用力挤压瓶身或者打开瓶盖后，瓶内空气压强增大，使得洞上的水膜破裂，水从洞里流出来。瓶子上下各有一个洞时，当洞比较小时，拧紧瓶盖后，上下都不漏水；当洞比较大时，上面的洞距离水平面近，压强小，且瓶盖拧紧，水面上方没有大气压，所以水不会流出来，下面的洞因为所受的压强大，所以会漏水。

（设计者：上海市嘉定区安亭幼儿园　徐淼鑫）

六、活动"橡皮泥浮起来"

主题：有趣的水。

主题核心经验：了解橡皮泥的特性。

科学知识与内容：物体的沉浮。

科学方法与能力：观察、比较、猜测、实验、表达。

（一）设计思路

随着主题活动"有趣的水"的开展，幼儿乐于观察大自然中的水，积极动手动脑探究水的特性。"沉与浮"实验是幼儿最喜欢探索的实验之一，幼儿自主选择多种材料，探究和发现物体的特性与沉浮的关系。基于幼儿经验与需求，本次活动选择橡皮泥与水，创设科学探索的空间，激发幼儿自主调查，收集信息，迁移运用多种方法使橡皮泥浮起来。

提出问题—共建计划—亲历体验—多元表达是我们开展项目化学习的基本范式。基于幼儿真实问题设计集体教学活动，能进一步激发幼儿科学探究的兴趣，提升幼儿解决问题的能力。

本活动设计支持与鼓励幼儿大胆联想，猜测验证，培养幼儿的探究能力，为后续学习奠定基础。

沉与浮的有趣现象中蕴含着丰富的科学信息，幼儿虽能主动收集信息，但在实践行动中运用信息的意识较为薄弱，支持幼儿收集信息，解决问题，是本次活动的重点。

（二）活动目标

幼儿尝试运用观察、比较与分析，探索并发现橡皮泥形状的改变与沉浮状态的关系。

幼儿大胆清晰表达自己的想法，体验发现的乐趣。

(三) 活动准备

经验准备：对物体的沉浮有操作经验。

物质准备：橡皮泥、水盆、塑封纸、吸管、塑料杯、PPT、展示墙面等。

橡皮泥

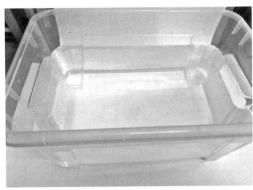

水盆

塑封纸

吸管

塑料杯

用于展示信息的墙面

(四) 活动过程

1. 分享交流——回顾经验,激发兴趣

导入:我们在个别化活动中一直在探索"如何让橡皮泥浮起来",今天我们来分享你们的发现。

小组分享:你们用了什么材料和方法,让橡皮泥浮起来的?

小结:借助可以漂浮的材料,让原本沉下去的橡皮泥也能浮起来,真好玩!

(设计意图:本环节回顾幼儿在个别化活动中积累的经验,引发深度探索的兴趣。)

2. 第一次实验——操作体验,验证猜想

提问:如果不借助材料,橡皮泥还能浮起来吗?

猜测:改变橡皮泥的形状,是否能让它浮起来呢?

提出要求:2 人一组,仔细观察橡皮泥改变形状后的沉浮状态。

交流分享:你尝试了什么方法? 有什么发现?

小结：原来不借助其他材料，只改变橡皮泥的形状，也能让橡皮泥浮起来。

（设计意图：本环节引导幼儿大胆猜测，制订计划，尝试不借助材料让橡皮泥浮起来。）

3. 第二次实验——分析问题，调整优化

提问：什么形状的橡皮泥能浮起来呢？

在展示墙上呈现幼儿收集的"生活中浮在水面上的物体"的相关图片。

提出要求：2人一组，反复尝试与调整。仔细观察不同形状的橡皮泥的沉浮变化。

交流分享：你的橡皮泥是什么形状的？有什么新发现？

视频拓展：大游轮的制造过程。

小结："借物漂浮""改变形状"都可以让重的物体浮起来。

（设计意图：引导幼儿分析问题，调整优化，探索并发现橡皮泥形状改变与沉浮状态的关系。）

（五）活动提示

实验中会用到水，请幼儿避免将衣服袖子、桌面、地板弄湿，注意不要滑倒；教师可提供毛巾、拖把等清洁工具。

（六）活动反思

1. 活动亮点

（1）已有经验的讨论与交流。活动开始，幼儿尝试梳理经验、方法，并进行总结，提高分析问题、完整表述、深度思考的能力。

（2）驱动性问题，激发探究兴趣。幼儿大胆猜测、小组协商、制订计划，在反复尝试的过程中，不断反思、调整与优化，积累多元经验。教师及时进行鼓励和表扬，激发幼儿集体参与的热情，并分析评价操作中的问题和做法，让幼儿形成新的思路和经验。

（3）在未收集信息前，幼儿的猜测大都没有依据或依赖于固有经验。教师需要引导幼儿通过各种渠道收集大量信息，基于这些信息进行有依据的猜测与判断。本次活动支持幼儿为自己的想法收集证据，支持自己的探究。幼儿根据展示墙上收集的信息,共同制订计划,尝试将橡皮泥变形使之浮在水面上,进行深度学习。

2. 问题与改进

(1) 互动回应。教师在过程中的回应与小结应有效支持幼儿的深度学习。

(2) 活动价值。教师有意识地引导幼儿借助经验,通过发现方法→运用方法→解决问题→同伴学习→多样组合→寻找最优的思维路径解决问题,训练高阶思维能力。

(七)奇思妙想

不改变橡皮泥形状,还能让橡皮泥浮起来吗?在探索区投放更多材料和工具,鼓励幼儿选择材料进行探索,进一步发现不同条件下橡皮泥的有趣变化。

(八)科学揭秘

橡皮泥改变形状后,体积会发生变化,当体积增大时,浮力增大。当浮力大于重力的时候,橡皮泥就浮在水面上了。

（设计者：上海市嘉定区安亭幼儿园　徐森鑫　陈　佳）

七、活动"跳动的心脏"

主题： 我自己。

主题核心经验： 探索身体内部器官。

科学知识与内容： 心脏的跳动将血液运行至身体各个部分，适当的运动有利于增强心脏功能。

科学方法与能力： 观察、比较、猜测、解释、交流。

（一）设计思路

随着主题活动"我自己"的深入开展，大班幼儿对自己身体的秘密产生了兴趣。《一切有心》《心脏》等图画书的内容生动有趣，从儿童的视角出发，用有趣、形象、生动的图画来揭示身体的奥妙，幼儿在独立阅读的过程中产生浓厚的兴趣。心脏在哪里？它会停止跳动吗？心脏有多大？这些都是幼儿在图画书阅读中产生的有价值的问题。因此，基于幼儿兴趣，让幼儿观察、探索、交流心脏跳动的有趣现象，激发探索的兴趣，是本次活动的重要目标。

第一，鼓励幼儿提出问题。"说说自己的问题"的活动环节，是本次活动的大胆设计，科学活动中幼儿提出问题比解决问题更加重要。通过自主阅读后的提问，幼儿梳理已有经验，呈现自己的兴趣与问题，以此作为活动设计的基础。

第二，聚焦幼儿的兴趣设计现场讨论的关键问题。根据现阶段幼儿的需要与问题，本次活动选择了心脏跳动的次数和速度这两个内容与幼儿讨论。

第三，关注幼儿的探究过程。本活动关注科学探索过程，例如：通过阅读图表、观察比较让幼儿猜测心跳次数；提供听诊器，帮助幼儿比较运动前后心跳的变化。最后迁移幼儿已有经验，知道心脏也会生病，学习使用适宜的方法保护心脏。

（二）活动目标

幼儿仔细观察，大胆猜测，探索心脏跳动的有趣现象。

幼儿初步了解心脏的重要性，知道适宜的运动以及舒畅的心情有益于心脏的健康。

（三）活动准备

经验准备：幼儿自主阅读关于心脏的图画书，如《一切有心》《心脏》等，对心脏的大小、位置、功能等有所了解。

物质准备：PPT、听诊器、图画书等。

（四）活动过程

1. 激发兴趣，说说已有的经验

导入：这几天大家都在阅读关于心脏的图画书，今天我们就来聊一聊有趣的心脏。

提问：关于心脏，你们有什么新发现？（幼儿交流分享自己的已有经验。）

请幼儿找一找自己的心脏在哪里，并将红色的爱心贴纸贴在自己心脏的位置上。

小结：每一个有生命的人和动物都有一颗跳动的心脏。（教师根据幼儿的回答进行梳理和总结，如心脏的大小、位置等。）

2. 鼓励幼儿提问，并通过合作探究心脏跳动的特点

（1）仔细观察重点画面

说说自己的问题（回顾图画书中的关键图片）。

鼓励幼儿提问，梳理幼儿的问题。

（设计意图：通过图画书重点画面的观察，让幼儿发现问题并提出问题，发现幼儿的兴趣，为后面的讨论环节进行铺垫。）

（2）合作探究

提问：你们听到过心跳的声音吗？我们怎样可以听到心跳的声音？

猜测：我们心脏跳动的速度会变吗？

小结：我们都有自己的想法，一起来听听心跳声，看看心脏的跳动是怎样的。

要求：先听安静时的心跳声，限时 10 秒钟；听着音乐跑步一分钟，再听一听心跳声，限时 10 秒钟。

（幼儿可以与同伴合作，共同探索运动前后，心跳速度的变化。）

交流：运动前后心脏跳动的感觉有什么不一样？

小结：原来心跳速度会变化，运动会使心跳加速。

3. 迁移生活，初步了解保护心脏的重要性

提问：除了运动，还有哪些时候心跳也会加快，你有过这种经历吗？

小结：心脏的跳动真有意思，当我们紧张、害怕、生气、伤心、激动时，心跳都会加速。

提问：怎样保护我们的心脏？

小结：适宜的运动和舒畅的心情，可以让我们的心脏更健康。

（设计意图：科学探索活动很容易只关注科学概念，而忽视了它对幼儿的现实意义，所以最后环节中，让科学探索回归幼儿生活，使活动更贴近幼儿的需要。）

（五）活动提示

活动材料中提供了听诊器，幼儿有使用听诊器的经验，便于其在探究活动中进行观察与比较。

教师需要提前了解幼儿的问题，提前做一些思考，围绕幼儿的问题进行重点话题的讨论。

（六）活动反思

本次活动关注幼儿真正的问题，以游戏化的情境导入，从幼儿的需要出发，让幼儿感受发现的乐趣。

1. 活动亮点

（1）鼓励幼儿提问，设计关键情境话题。科学活动中幼儿提出问题比解决问题更加重要，本次活动让幼儿在充分阅读的基础上，提出问题，教师从中挑选

重点话题进行讨论。

(2)精心设计活动材料。在第一环节寻找心脏位置时,教师提供红色的爱心贴纸,让幼儿贴到自己心脏的位置上。该环节设计为幼儿后续的探索作铺垫。

2.问题与改进

本活动的探索环节是让两名幼儿面对面坐在椅子上,相互听心跳。活动设计可以再多元一些,提供不同的选择方式,如可以自己一个人探究,也可以和同伴相互听听心跳,可以面对面坐着,也可以躺在垫子上相互听心跳。

(七)奇思妙想

除了心脏,我们身体还有哪些地方会扑通扑通跳呢?一起找一找。

鼓励幼儿带着问题继续探索,提供听诊器等材料,支持幼儿对自己的身体进行探索。

(八)科学揭秘

人的心脏大小与本人拳头相差无几,形状像桃子,在正常胸骨中线偏左的位置,即胸腔左侧,少部分人心脏位于胸腔右侧。心脏的作用是推动血液流动,向器官、组织提供充足的血流量,以供应氧和各种营养物质,并带走代谢的终产物(如二氧化碳、无机盐、尿素和尿酸等),使细胞维持正常的代谢和功能。适当的运动,有利于增强心脏功能。

(设计者:上海市嘉定区教育学院 诸佩利)

八、活动"魔镜"

主题：我自己。

主题核心经验：了解身体各部位。

科学知识与内容：初步了解球面镜的成像原理。

科学方法与能力：观察、比较、猜测、实验。

（一）设计思路

对活动价值的思考：在"我自己"主题的个别化学习活动中，幼儿在与镜子互动时常会出现许多有趣的事情，如他们会把多面镜组成魔盒套在头上，会将镜子组成各种夹角，数数镜中物品成像的数量……小小的镜子在幼儿的手中成了一种探索和学习的材料。本次活动中，教师将垫板和镜面纸组合，拓展幼儿对镜子的认知，既有镜子成像，又有镜子的曲面变化。让幼儿通过与软面镜子的操作互动，仔细观察，对比分析，不断提升科学探索的能力。

对幼儿探究过程的思考：活动过程中，如何支持幼儿从偶发的兴趣到有意的探究，从混沌的直觉到系统的认识，是需要教师有意识地进行设计的。本次集体学习活动中，教师为幼儿的猜测、观察、比较、验证和解释提供了丰富的学习机会，帮助他们建构情感与认知、语言与思维、个体建构与群体共享之间的关联。

（二）活动目标

幼儿仔细观察，大胆猜测与探究，感受镜子成像的乐趣。

幼儿能用图画和符号记录自己的发现，并完整清晰地表达自己的想法。

（三）活动准备

经验准备：幼儿在区角中玩过镜子，了解多面镜子的成像变化。

物质准备：自制软镜、黑板、记录纸、视频课件。

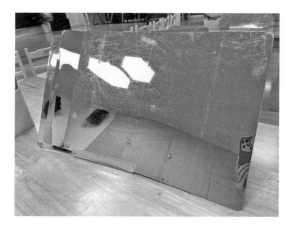

自制软镜

（四）活动过程

1. 分享已有经验，激发探究欲望

提问：我们在区角里都玩过镜子，你们有什么发现？

小结：有的小朋友发现镜子能将一个物体变成多个物体，有的小朋友发现镜子会反射光线。

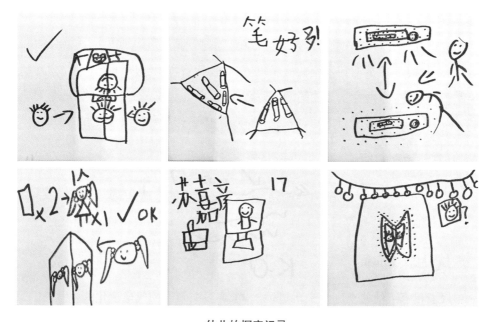

幼儿的探究记录

（设计意图：通过谈论幼儿玩镜子的经历，回顾、梳理幼儿的已有经验，激发幼儿进一步探究的兴趣。）

2. 好玩的魔镜（一）

观察：今天老师带来了一面特别的镜子，它和我们平时的镜子有什么不一样？

猜测：这是可以弯曲的镜子，弯一弯镜子会有什么神奇的效果？

提问：照照魔镜，你发现了哪些有趣的现象？把你的发现记录下来，并贴在黑板上。

播放背景音乐，幼儿操作体验。

观察幼儿发现了哪些成像变化，观察幼儿的记录方式。

提问：你利用魔镜变出了哪些有趣的现象，如何变出来的？

小结：魔镜太神奇了，弯曲的位置变一变，方向变一变……就会有不一样的神奇变化。

（设计意图：幼儿观察镜子成像的各种不同结果，并尝试用清晰的语言表达。）

3. 好玩的魔镜（二）

猜测：有什么办法可以让魔镜变出很多个自己呢？猜一猜到底能变出多少个自己。

提问：跟你想的一样吗？把你的发现记录下来。

播放背景音乐，幼儿操作体验。

分享：跟你猜想的一样吗？你变出了多少个自己？

小结：原来只要把镜子向内弯曲，就能变出很多个自己，弯曲得越厉害，数量就越多。

（设计意图：通过挑战变出更多个自己，激发幼儿进一步观察弯折魔镜带来的镜面成像变化，感知镜面成像与镜子弯曲的角度、力度的关系。）

4. 生活中可以弯曲的镜子

展示交通凸面镜的图片：其实我们的生活中也有这样的镜子，你们见过它吗？在哪里见过？猜猜它有什么用。

小结：魔镜给我们的生活带来了方便、安全，也给我们带来了有趣的体验。

生活中还有哪些可以弯曲的镜子？请找一找，把你们的发现和问题记下来，我们一起来讨论。

（设计意图：呈现交通凸面镜，感知镜子在生活中的应用。）

交通凸面镜

（五）活动提示

本次使用的材料为镜面纸和垫板结合的自制软镜，软镜的四边要剪成圆角，以免划伤幼儿。

（六）活动反思

1. 活动亮点

活动来源于班级区角活动，幼儿对平面镜已经有了充分的探索，对曲面镜却不了解。幼儿拿着自制的软镜，动手操作，充分摆弄，感受曲面镜的成像特点。幼儿迁移运用已有经验，不断尝试，仔细观察，积累科学探究的方法。

2. 问题与改进

幼儿在个别化活动中的真问题是什么？他们对镜面探索的已有经验是什么？教师还需进一步分析幼儿的经验水平，根据幼儿的最近发展区设计集体教学活动。

（七）奇思妙想

生活中还有哪些弯曲的镜子？各种弯曲的镜子组合起来会有什么神奇的效果呢？如果把可以弯曲的镜子向内或向外弯曲，可以看到哪些有趣的现象呢？

寻找生活中弯曲的镜子

将可以弯曲的镜子组合起来

（八）科学揭秘

凸面镜也叫广角镜、反光镜、转弯镜，主要用于各种弯道、路口，可以扩大司机视野，及早发现弯道对面的车辆，以减少交通事故的发生，也用于超市防盗，监视死角。

（设计者：上海市嘉定新城实验幼儿园　沈艳皎）

九、活动"植物的力量"

主题：有用的植物。

主题核心经验：感受植物的特性，萌发探索兴趣。

科学知识与内容：植物的特性（如特殊的生长环境、传播方式等）。

科学方法与能力：观察、猜测、验证。

（一）设计思路

幼儿对植物世界充满好奇，在餐前户外观察活动中，他们发现小草从石头缝里钻出来，胡萝卜在泥土里烂了一段时间，又慢慢长出嫩苗……这些都是植物力量的体现。虽然幼儿在日常的种植、观察中隐约感受到了植物的力量，但这些信息和经验是零散的。本次活动将幼儿零散的经验都汇聚起来，让幼儿在观察和操作中感受植物力量的神奇。

一是活动重点落在"观察并感受植物生长的各种力量"，让幼儿从对植物生长的好奇，到感受和寻找植物的力量，对植物的力量建构起完整的知识系统。

二是活动聚焦幼儿科学核心素养的发展。教师给予幼儿大量时间观察、猜测、验证，采用视频、实物、游戏等方式全面感受植物的力量。

（二）活动目标

幼儿观察并感受植物生长的各种力量。

幼儿大胆表达自己的发现，对植物生长的奇趣现象有探究的兴趣。

（三）活动准备

经验准备：幼儿在幼儿园自主或结伴开展"植物的力量"的调查，了解一些植物生长中的有趣现象。

物质准备：图片(沙漠仙人掌、喷瓜、古树)，视频(喷瓜喷射种子、安亭古银杏树介绍等)，自制书《植物的力量》，卷尺、小喷瓜模型。

资源与工具

(四) 活动过程

1. 回忆分享——我找到的植物的力量

大屏幕上呈现幼儿制作的"植物的力量"调查表。

导入：最近我们在寻找植物的力量，谁愿意分享你的发现？

播放幼儿拍摄的枯草、小苗等植物。

质疑：这些弱小的植物看上去会有力量吗？

(设计意图：引发幼儿交流各自寻找植物的力量的经验。同时，对弱小的植物是否有力量进行质疑，引发对"植物的力量"的深度关注和思考，也为后面的探究埋下伏笔。)

2. 观察感受——各种各样植物的力量

过渡：我也找到了 3 种植物，它们有力量吗？

交流分享：你觉得哪种植物有力量？

(1) 植物一：沙漠里的仙人掌

提问：仙人掌有什么力量？

"植物的力量"调查表　　　　　　　幼儿记录的调查表

小结：沙漠里还生活着很多植物，它们像仙人掌一样，可以在恶劣的环境下顽强地生长，很有力量。

沙漠中的仙人掌

（2）植物二：喷射种子的喷瓜

提问：你们见过喷瓜吗？它有什么力量？

猜测：出示喷瓜模型，请幼儿猜测喷瓜的种子可以喷多远。

验证：观看视频并分享自己的发现。

感受：用尺子测量喷瓜种子喷射的距离。

交流：你觉得喷瓜有力量吗？

小结：有些植物为了繁衍，会爆发出惊人的力量。

喷瓜种子的传播

观看喷瓜视频

（3）植物三：上海树王（上海市嘉定区安亭镇古银杏树）

提问：树的身上有什么力量？

质疑：这棵树已经存活了 1 200 年，你能感受到是一种什么样的力量吗？

验证：观看视频，幼儿自主分享对树的力量的感受。

交流：古银杏树的奇特力量是什么？

小结：一棵树竟然可以存活这么多年，生命真是顽强。

（设计意图：通过图片、实物、视频、游戏等方式，让幼儿感受植物在恶劣环境下的顽强生命力，种子传播的奇特力量，以及植物的巨大生命力。）

3. 活动延伸

提问：你们觉得植物还有其他力量吗？

古银杏树

出示自制书《植物的力量》。

拓展：我把大家找到的植物的力量都放到了这本书里。你们还可以把更多有趣的事情放进来，分享给幼儿园的朋友们。

（五）活动提示

在上海，生长着一株 1 200 多年历史的古银杏，这株古银杏不仅高大挺拔，而且枝繁叶茂，巨大的树冠庇荫了一大片地面。这棵古银杏树，树高 24.5 米，树围约 6.5 米，4 个成人才能勉强合抱。在上海市绿化和市容管理局颁发的古树名木保护牌上，这棵树的编号是"0001"，是当之无愧的"上海树王"。

（六）活动反思

植物的力量既有科学的内涵，又有人文情怀。

1. 活动亮点

在观看喷瓜的视频环节，幼儿们争先恐后地表达自己的发现，"我发现喷瓜的种子就像子弹一样喷出来""我发现喷瓜就像大炮一样，可以把种子喷到天上"……又如，在观看古树的最后环节，幼儿们想要去亲眼看看古树，想再去调查一下植物的力量……由此可见，幼儿们不但感受到植物强大的生命力，还萌发了继续探索的愿望。

2. 问题与改进

整个活动中,幼儿们的表达欲望非常强烈,探究的兴趣也很浓厚。在观看喷瓜视频后,我请幼儿们说说自己的发现。当我准备进入下个环节时,有一个女孩依然激动地向我描述视频中的画面。看到这样的场景,我不得不反思,如果这个环节的时间安排更充裕一些,让幼儿们相互说一说,可以更好地满足幼儿的表达需求。

(七) 奇思妙想

植物的力量对我们的生活有什么帮助吗? 我们再一起去观察、发现、交流。

(八) 科学揭秘

当喷瓜成熟时,果实内部的液体已经完全充盈了,喷瓜就会脱落,这些液体会带着种子一起喷射出来,这是喷瓜传播种子的方式。自然界中,植物传播种子的方式主要有风力传播、水力传播、自体传播和动物传播。

1. 借风力传播的植物会长出形状如絮或羽毛状的附属物,其果实或种子小而轻,便于随风吹送,例如蒲公英、柳树、杨树等。

2. 水生植物和沼泽植物的果实或种子常借水力传播,能漂浮在水面上,例如睡莲、椰子等。

3. 自体传播的种子有毛柿、大叶山榄、凤仙花等。凤仙花的果实开裂时,果皮向内卷缩,将种子弹出;绿豆的果实开裂时呈螺旋状卷曲而弹出种子。

4. 靠鸟类传播的种子大部分是肉质的果实,例如葡萄、樱桃、柿子等大部分浆果植物;靠哺乳动物传播的种子大部分属于一些中大型的肉质果或干果,例如芭蕉、猕猴桃、桃子等。

(设计者:上海市嘉定区震川幼儿园 林巧珍)

十、活动"玩转声音"

主题：我们的城市。

主题核心经验：体会城市建设的不断变化。

科学知识：声音的振动。

科学方法与能力：观察、比较、猜测、验证。

（一）设计思路

声音无处不在，与我们的生活息息相关，也是幼儿所熟知的。如在主题学习中，幼儿了解了声控灯，从而对声音在生活中的应用充满了好奇。为了进一步激发幼儿探索的兴趣，我们设计了"玩转声音"的科学探索活动，让幼儿在动手操作中了解声音的特点，体验"声音是由振动产生的"科学原理。

一是关注材料的选择。科学探究的材料均来源于幼儿的日常生活，让幼儿利用自己熟悉的材料完成对科学知识的探究。

二是关注活动转换。将幼儿在低结构活动中产生的兴趣点作为探究点，融合在高结构活动的设计中，利用幼儿的兴趣与关注开展科学活动，让幼儿在观察比较、动手实践中探索和发现，培养专注、坚持、质疑、尝试等学习品质。

（二）活动目标

幼儿观察、比较声音的高低与娃娃转动之间的关系，尝试验证自己的猜测。

幼儿感受声音振动的趣味性。

（三）活动准备

经验准备：幼儿在区角中玩过声音振动的游戏。

物质准备：PPT、一次性纸杯（每人 2 个）、扭扭棒做的娃娃、视频、音频等。

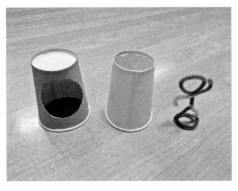 

一次性纸杯 2 个、扭扭棒做的娃娃　　　　　　材料组合方式

(四) 活动过程

1. 鼓上的小米粒

分享：在区角里玩鼓上的小米粒游戏，你们有什么发现？

小结：不同的鼓声能够让小米粒跳出不同的舞蹈。

（设计意图：分享交流已有经验，从低结构的活动中发现幼儿的兴趣再由此转换为高结构的活动。）

2. 我唱歌、你跳舞

(1) 游戏一：娃娃动起来

猜测：不用手去碰娃娃，娃娃能动起来吗？

实验要求：将娃娃放在桌上，手不能碰娃娃，让娃娃动起来。

提问：你用什么方法让娃娃动起来的？

分享利用声音让娃娃动起来的方法。

小结：对着喇叭口大声说话，发出的声音可以让娃娃动起来。

(2) 游戏二：娃娃转得快

猜测：低音"1"和高音"i"，谁能让娃娃转得快？

实验要求：嘴巴贴近喇叭，跟着录音唱"1"和"i"，仔细观察不同音高时娃娃的转动情况。

提问：你观察到了什么？ 和你的猜想一样吗？

小结：唱低音"1"的时候，娃娃转得慢；唱高音"i"的时候，娃娃转得快。

游戏要求

（设计意图：选择了"1"和"i"的两个音让幼儿去猜测和尝试，在探索中验证自己的假设。）

(3) 游戏三：我唱歌，你跳舞

猜测：播放歌曲《大中国》。"我们的大中国呀，好大的一个家!"请幼儿猜测，这句话唱到哪一个字的时候，娃娃转得最快？

实验要求：幼儿反复唱这句话，并仔细观察娃娃什么时候转得最快。

提问：和你刚才的猜测一样吗？ 有什么新发现吗？

小结：声音的高低、长短不一样可以让娃娃跳出不一样的舞蹈。

设疑：是不是音越高，娃娃就会转得越快呢？ 如果换成长喇叭口，娃娃跳舞的方式会有变化吗？

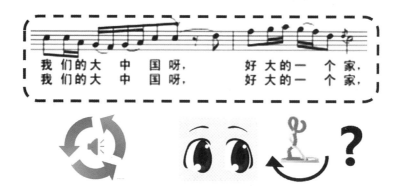

乐谱及幼儿的观察提示

（设计意图：选择幼儿熟悉的，有一定快慢变化的歌曲片段，让幼儿在跟唱中发现娃娃转动的变化，如音长的时候娃娃会连续转动，音高了就转得快……）

3. 声音的发现

视频分享：声音是什么样的？

延伸活动：（1）所有的声音都是好听的声音吗？（2）生活中有哪些发明是和声音有关的？给我们的生活带来什么样的变化？

（设计意图：关注生活，感受科技为生活带来的美好。）

（五）活动提示

选择幼儿坐着或站着时，嘴巴和桌边差不多高的桌子，便于操作。

娃娃制作好后，教师要反复尝试是否能够转动，以免对幼儿的实验造成干扰。

（六）活动反思

1. 活动亮点

（1）关注材料的深度推进。材料的选择非常简单，两个一次性纸杯连在一起，一个扭扭棒制成的娃娃。如此简单的材料要玩出花样，不断推进，才能让幼儿获得深度学习的机会。

（2）关注幼儿的思维过程。幼儿不断思考、质疑，尝试各种可能性。这种假设、验证、调整的过程就是思维发展的过程。

2. 问题与改进

活动开始时，幼儿们没有发现声音与娃娃转动的关系，教师就以自己的发现为幼儿提供建议。这样的教学处理方式，容易限制幼儿对材料的探索。因而建议教师给幼儿安排充足的探索时间，提供适当的引导，让幼儿自己发现声音振动的现象。

（七）奇思妙想

找一找和声音有关的小发明，如声控灯、天猫精灵等。把你的发现和我们一起分享。

(八) 科学揭秘

　　声音是由物体振动产生的,是通过介质(空气或固体、液体)传播并能被人或动物听觉器官所感知的波动现象。声音是一种压力波:当演奏乐器、拍打一扇门或者敲击桌面时,它们的振动会引起介质——空气分子有节奏的振动,使周围的空气产生疏密变化,形成疏密相间的纵波,这就产生了声波,这种现象会一直延续到振动消失为止。

　　　　　　　　　　　　　　(设计者:上海师范大学附属嘉定幼儿园　王晓羽)

十一、活动"斜坡造高楼"

主题：我们的城市。

主题核心经验：了解城市建筑的特征。

科学知识与内容：探索力与简单机械（力的平衡）。

科学方法与能力：观察、猜测、实验、交流描述。

（一）设计思路

"斜坡造高楼"的活动对幼儿来说，创意十足，也充满挑战，可以帮助幼儿积累科学探究的经验和方法。

第一，关注内容与生活的链接，拓展幼儿主题经验。在主题活动"我们的城市"开展过程中，幼儿们收集了许多关于老房子和新房子的资料。他们不仅对上海的建筑感兴趣，也对其他地方有趣的建筑产生了浓厚的兴趣。他们在低结构活动中大胆挑战建房子活动，积累了一些斜坡造房子的经验。在分享交流的过程中，他们对"斜坡造高楼"产生了诸多的疑惑，如坡面上的房子站不直，怎么办？因此，本活动基于幼儿的学习需求，为幼儿提供解决问题的平台。

第二，关注经验的迁移与运用，推进幼儿的探究历程。教师借助简单的材料为幼儿提供自主探索的平台，在逐层深入的过程中，引导幼儿深入探索如何在斜坡上垒高积木，推进幼儿自主探究的历程。

（二）活动目标

幼儿仔细观察、大胆猜测，反复探索在斜坡上垒高积木的方法。

幼儿能清楚地表述如何在斜坡上造高楼。

（三）活动准备

经验准备：利用各种辅助材料使积木搭建的房子立在斜坡上。

物质准备：斜坡,积木(长方形、正方形、三角形),自制的积木房子,演示 PPT。

斜坡和自制的积木房子

三种形状的积木

(四) 活动过程

1. 分享交流

分享:听说你们最近研究怎么在斜坡上造房子,有什么发现和问题吗?

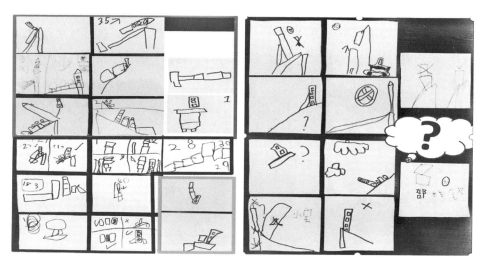

低结构活动中的造房子记录

小结:你们用了各种不同的方法把积木房子造在斜坡上,但发现斜坡上的房子站不直,也造不高。

（设计意图：通过谈话梳理幼儿的前期经验，聚焦共性问题"如何让积木房子立在斜坡上？"引发幼儿的操作兴趣。）

2. 操作体验

（1）第一次尝试：房子站直

过渡：房子在斜坡上能站直吗？工地上有不同形状的砖块，或许它们能帮忙（出示长方形、正方形、三角形的积木）。

猜测：你觉得哪种形状的积木能让房子站得直直的？

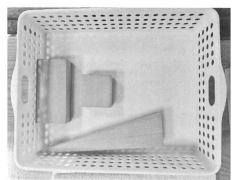

第一次操作的材料

操作要求：分别试试三种不同形状的积木，观察哪一块积木能让房子在斜坡上站稳、站直。

提问：你是如何使用积木让房子站直的？

斜坡上的缝隙

小结：用三角形积木的尖角填平房子和斜坡的缝隙，房子就能直直地站在斜坡上了。

（设计意图：本环节运用猜测、比较、实验等探索方法，探索如何用三角形、方形、长方形的积木为房子建造"地基"。）

（2）第二次尝试：斜坡造高楼

过渡：刚才我们已经找到了房子在斜坡上站直的秘密，现在我们要想办法在斜坡上建更高的楼。

操作要求：用积木在斜坡上建高楼。

第二次操作的积木

提问：如何在斜坡上把房子建得高高的？

小结：在稳固的地基上，把积木竖着往上叠，就能把斜坡上的房子造得高高的。

（设计意图：幼儿自主探究，动手操作，获得新经验。）

3. 延伸活动

今天，你们挑战了斜坡造高楼，如果坡度越来越大，你还有办法吗？在我们的区角还有许多材料，让我们再去试一试吧。

（设计意图：本环节提供更多的材料，激发幼儿进一步探索的兴趣。）

（五）活动提示

幼儿进行斜坡造高楼，需要有足够的探索空间，因此，活动适宜安排在较为宽敞的场地上。

（六）活动反思

"斜坡造高楼"活动源于幼儿在活动中遇到的真实问题。我们聚焦共性问题，让大班幼儿自主实验和探索，获得新经验。

1. 活动亮点

（1）基于儿童视角设计活动内容。本次活动问题是在个别化学习活动中生成的，问题是幼儿的真问题、真需要。在活动中，我们可以看到幼儿强烈的好奇心。

（2）在探索斜坡造高楼时，幼儿通过比较、观察、验证等进行深度学习，不断迁移调动已有经验与方法，并在过程中建构新经验，积累解决问题的方法。

2. 问题与改进

教师需要进一步聚焦对幼儿科学情感的培养。例如：在探索斜坡造高楼时，教师应引导幼儿依据自己观察到的事实得出结论，养成实事求是的科学态度。

（七）奇思妙想

在偏远的山区，山路曲曲折折、坑坑洼洼的，甚至有些地方还是接近垂直的斜坡，聪明的小建筑师们，你能想办法在这些地方造房子吗？还有什么材料也能帮助你造高楼呢？快去试试吧。

（八）科学揭秘

"如何在斜坡上建房子?"其实聪明的工匠们已经在许多城市完成了这个挑战。运用最广泛的就是利用水泥等材料打地基，保证打好的地基是水平的。

中国古代的工匠们不仅能在斜坡上造房子，还能在悬崖峭壁上造房子。山西省浑源县境内的悬空寺就是一座高挂在峭壁上的奇特建筑。工匠们在崖上凿洞，插入木梁，一部分建筑就建在这些木梁上，巧借岩石暗托，梁柱上下一体，廊栏左右紧连。

（设计者：上海市嘉定区菊园幼儿园　张　唯）

十二、活动"纸筒力量大"

主题：我们的城市。

主题核心经验：了解建筑的特征。

科学知识与内容：感知空心纸筒的不同造型和承受力。

科学方法与能力：观察、比较、猜测、记录。

（一）设计思路

主题活动"我们的城市"中，幼儿在"小小建筑师造房子"的游戏情境中，感知了空心纸筒的造型与承受力的关系。活动选材贴近幼儿的生活实际，让幼儿通过操作感受纸筒的神奇，并通过大胆记录、交流分享等方法进行科学探究，体验成功的乐趣。

随着"我们的城市"主题活动的开展，幼儿们发现上海有很多特别的建筑，如"中华艺术宫"下小上大，"东方明珠"靠几根柱子就能高耸入云。幼儿对建筑物奇特的造型产生了浓厚的兴趣。

大班幼儿喜欢对某一现象刨根问底，当探究所呈现的结果与他们的预想不一样时，他们会对现象背后的原因产生浓厚的探究兴趣。本次的操作材料是常见的 A4 纸，纸张承重的反差结果容易激发幼儿的探究兴趣。

（二）活动目标

幼儿观察并发现空心纸筒的造型和承受力的关系。

幼儿能根据观察结果大胆猜测、清楚表达。

（三）活动准备

经验准备：幼儿了解上海各种著名建筑的特点，具有用纸制作各种立柱的经验。

物质准备：用同样品种、大小的纸张做的空心圆筒、空心三角筒、空心方形筒，大积木，水桶，记录纸，记号笔，记录板，贴纸，圆筒组合。

空心圆筒

空心三角筒

空心方形筒

大积木

我的发现

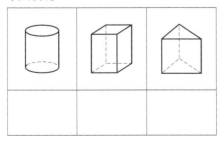

记录人：＿＿＿＿＿＿＿

观察记录表

圆筒组合

（四）活动过程

1. 说一说各种各样的建筑

（1）联系生活，说说上海的建筑

导入：最近我们看了很多上海的建筑，谁来说一说你知道的上海建筑？

（2）说说建筑牢固的原因

追问：这些建筑靠什么力量建得又高又稳？

小结：这些建筑除了有牢固的地基外，还有各种形状的柱子，这些柱子很有力量。

（设计意图：通过问题讨论，引发幼儿对立柱的关注。）

2. 比一比纸筒的承重

（1）认识三种不同造型的纸筒

过渡：我们来做小小建筑师，用纸筒搭建牢固的房子吧！

提问：这三种造型的纸筒柱，你们认识吗？

关键提问：哪种纸筒柱搭建的房子最牢固，承重本领最强呢？

（幼儿大胆进行猜想，并记录自己的猜测。）

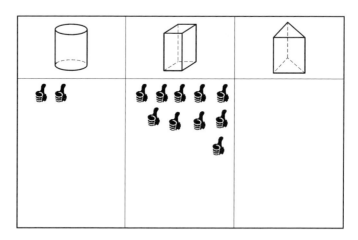

幼儿猜测记录表

（2）动手操作，验证并分享自己的发现

实验要求：每人拿三个不同造型的纸筒柱，在纸筒柱上放积木，看看分别能放多少积木,并将自己的发现记录在纸上。

幼儿实验操作,教师巡回观察。

交流分享:你有什么发现? 和你的猜想一样吗?

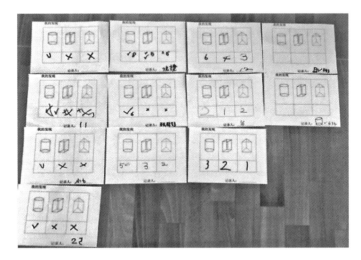

观察记录表

小结:纸筒柱的造型不一样,承重能力也不一样! 相比之下,承重本领最大的是空心圆筒。

(设计意图:让幼儿通过猜测、实验、观察、记录、比较等方式,发现不同造型的纸筒承重力是不同的。猜测和实验结果有很大的差异,需要幼儿细致比较、观察、分析。)

3. 纸圆筒挑战大瓶水

(1)在第一次实验的基础上,大胆猜测

出示大瓶水,进行猜测:你们觉得纸圆筒能撑住这瓶水吗?

现场演示,再次猜测:有什么办法能让纸圆筒撑住这瓶水?

小结:一个纸圆筒不够,可能需要多个纸圆筒来帮忙。

(2)尝试不同的支撑方法,挑战纸圆筒支撑大瓶水活动

实验要求:3人一组,试试多个纸圆筒能不能撑起水瓶;比一比哪组的纸圆筒最牢固。

幼儿实验操作,教师巡回观察。

小结：一个纸圆筒不够的时候，我们可以请更多的纸圆筒来帮忙，组合的形状不同，用的纸圆筒数量也不同。

（设计意图：幼儿在第一次实验后对空心纸圆筒的承重力有了一定的感知。第二次实验中，幼儿尝试多种组合方式，让纸圆筒承受比自身大得多的重量，探索纸圆筒的最大承重力。）

4. 纸圆筒组合大挑战

出示纸圆筒组合，提问：你们能立在这些纸圆筒上吗？

请个别幼儿站上去。

小结：单个纸圆筒力量很有限，但组合在一起的纸圆筒力量却很大。

（设计意图：通过趣味的实验引发幼儿对纸圆筒承重能力的关注。）

（五）活动提示

1. 本次实验过程中，纸筒的造型会影响实验的结果。教师在准备教学具时，制作三种不同造型的空心圆筒的纸张应完全一样，黏合处宽度也应相同。

2. 教师可以给每桌准备一个垫子，以免积木掉落时发出声响，影响其他幼儿操作。

3. 当幼儿站在纸圆筒上，测试纸圆筒的承重力时，教师应提供适当保护。

（六）活动反思

大班科学活动"纸筒力量大"充满了趣味性和多变性，富有挑战性。

1. 活动亮点

（1）材料便于幼儿实际操作。幼儿在日常的生活中都有纸张操作的经验，有助于该实验操作的开展。

（2）在本次科学活动中，教师为幼儿提供平台，搭建支架，让幼儿基于自己的生活经验和知识基础提出猜想与假设，满足幼儿的探究需要。

2. 问题与改进

活动中教师已经有意识地调整了幼儿的座位，给每个幼儿提供表现的机会，但是往往思维活跃的幼儿得到的机会多一些。教师需要多关注性格内向、不善表达的幼儿，多给他们表达自己想法的机会。

（七）奇思妙想

一起从建筑中发现圆柱的应用，看看上海外滩建筑中圆柱的使用，拓宽幼儿的视野。

（八）科学揭秘

这是一个探索"纸的造型与承重关系"的物理实验，用材质、大小相同的纸做成不同造型的纸筒，其承重是不同的。其中，纸质空心圆筒的承重最大，其次为纸质空心方形筒，最后是纸质空心三棱柱筒。因为圆柱没有角，任何加在上面的重量都会均匀地分布，所以圆柱上的每一个点承受力并不大，而整体却能承受比较大的力。而其他造型有三个角或四个角，不能把加在上面的重量均匀地分散开，每一个点承受的力都比较大，整体不能承受太大的力。

（设计者：上海市嘉定区北水湾幼儿园　郁唯佳

上海市嘉定区丰庄幼儿园　曾国磊）

十三、活动"穿越"

主题： 我们的城市。

主题核心经验： 体会城市建设的不断变化。

科学知识与内容： 物体形态、重量等特性的改变。

科学方法与能力： 观察、比较、猜测、验证。

（一）设计思路

随着主题活动"我们的城市"的开展，城市中的各种管道，引起了幼儿们的关注。结合户外沙水管道游戏中幼儿的兴趣点，我们生成了本次科学活动的内容。

本次活动注重过程体验，激发幼儿主动学习的意识；创设体验式学习情境，提供多种材料，引导幼儿对材料进行观察与比较，尝试自主解决问题，真正成为学习的主人。

（二）活动目标

幼儿探索不同物体穿越管道的方法，尝试自主解决问题。

幼儿大胆提出自己的想法与假设，并通过实验加以验证。

（三）活动准备

经验准备：对各种房屋设施有所了解。

物质准备：水管若干，幼儿收集的材料（球、短笔、夹子、回形针、毛线、螺丝帽等），橡皮泥，双面胶，透明胶带，吸管，剪刀，笔，胶棒。

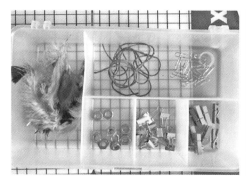

幼儿收集的材料

橡皮泥、双面胶、透明胶带、吸管

各种水管

剪刀、笔、胶棒

（四）活动过程

1. 回忆已有的穿越经验

大屏幕上呈现幼儿个别化活动中穿越经验的记录。

提问：在你们收集的这些材料里，哪些能穿越管道，哪些不能穿越管道？

小结：直直的，外表光滑的，有一定重量的材料能成功穿越管道。

（设计意图：请幼儿说说个别化学习活动中的发现，将自己的记录进行分享。教师结合幼儿的分享，对幼儿的经验进行梳理和提炼。）

2. 探索不同材料穿越管道的方法

（1）第一次实验（让不能穿越的材料成功穿越）

呈现毛线、纸条、羽毛、树叶等材料。

提问：有没有办法让这些材料成功穿越管道呢？

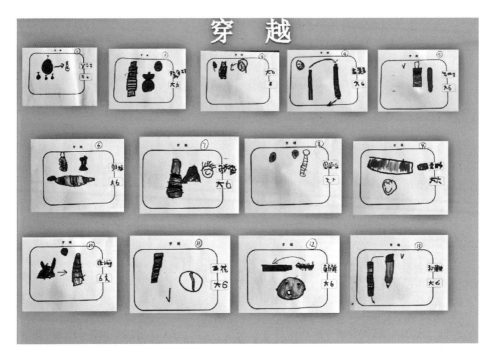

个别化学习活动记录

实验要求：2人一组，尝试将材料穿越管道。

分享交流：你成功了吗？你是怎么让它们穿越成功的？

小结：改变材料的状态，或者借助一些辅助材料，就能让这些材料穿越成功。

（2）第二次实验（将材料穿越变长的管道）

过渡：如果管道变长了，这些材料还能成功穿越吗？

材料介绍：变长的管道。

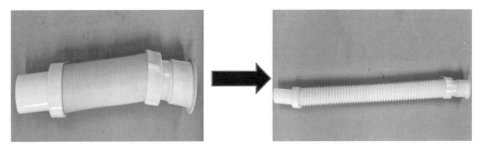

变长的管道

实验要求：2人一组，尝试将材料穿越变长的管道。

小结：通过使用剪刀、笔、胶棒等辅助材料，可以让不能穿越管道的材料成功穿越管道。

3. 探索如何将材料穿越变弯的管道

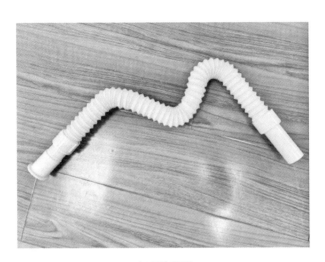

变弯的管道

提问：这些材料能穿越变弯的管道吗？

延伸：我们继续在个别化活动中探索这些材料吧。

（设计意图：将管道变弯，提高挑战难度，引发幼儿的进一步探索。）

（五）活动提示

本次实验过程中，管道变弯会影响实验的结果，因此在第二次实验时，教师需要提醒幼儿将管道拉长时，保持管道是笔直的，不能变弯。

（六）活动反思

1. 活动亮点

体现幼儿科学素养的核心经验。本次活动给予幼儿充分自主、开放的探索空间。操作前，设置疑问引发幼儿主动思考，每次操作过程都改变一个变量，加大操作难度，让幼儿不断建构新经验。

2. 问题与改进

组织集体讨论时,教师需要及时做出判断,根据幼儿的情况给予适宜的支持。

(七) 奇思妙想

有时候增加重量不一定就能使物体穿越管道,例如:在玩沙游戏中,沙子加水变重了就不能顺利穿越管道了,我们再一起去探索区试一试吧!

(八) 科学揭秘

生活中,我们经常会遇到管道堵塞的现象,工人叔叔也会使用各种方法进行疏通,例如使用疏通剂,或者专业的手摇式疏通器、电动疏通机等,通过旋转把弯曲、有弹性的钢丝转进堵塞的下水管道里,把堵塞物清理出来。

(设计者:上海市嘉定区安亭幼儿园　孙　娟)

十四、活动"神奇的红和蓝"

主题：我们的城市。

主题核心经验：感受身边熟悉的科技成果以及对生活的影响。

科学知识与内容：3D 技术（红、蓝色片变色及立体视觉效果）。

科学方法与能力：猜测、比较、观察。

（一）设计思路

本活动中，幼儿通过观察比较、视觉感知获得丰富的感官体验。在现代技术的支持和运用下，幼儿有机会了解过去、享受现在、探究未来，进而激发他们进一步关注生活、探索现代技术的兴趣。

在"我们的城市"主题中，幼儿对"火箭发射"产生了浓厚的兴趣。他们围绕"太空里有什么""宇航员的生活"等话题，展开了信息搜集与调查。本活动与幼儿的主题学习经验相契合，通过对幼儿的表征作品进行技术处理，帮助幼儿实现"进入太空"的美好愿望，为幼儿的学习探究注入动力。

（二）活动目标

幼儿使用红蓝色片进行观察比较，对其变色及立体视觉效果有探索的兴趣。

幼儿感受 3D 技术给生活带来的变化，对现代科技产生好奇。

（三）活动准备

经验准备：幼儿对太空的话题有所了解；有透过彩色塑料片看世界的经验，积累了关于物体变色的零散经验。

物质准备：PPT（特制的恐龙图片）、幼儿作品、视频、红色和蓝色塑料片。

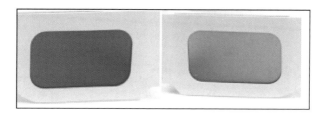

红色和蓝色塑料片

（四）活动过程

1. 变色的恐龙

观察：这是一只怎样的恐龙？

特制恐龙图片

提问：你觉得，用红色塑料片看恐龙会发生什么变化？

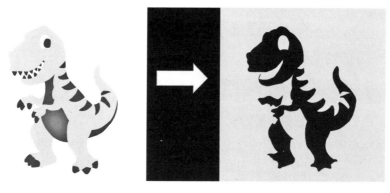

使用红色塑料片观看恐龙产生的视觉效果

猜测：这还是恐龙吗？

小结：原来红、蓝色塑料片可以让我们看到不同的恐龙，红色和蓝色真是神奇的颜色。

（设计意图：让幼儿使用色片观察特制的恐龙图片，发现恐龙图片的变化。）

2. 立体的恐龙

交流：这是一只特别的恐龙。你找到它的特别之处了吗？

小结：恐龙身上有很多红蓝线条。

实验：用双色片解密恐龙，你发现了什么有趣的现象？

使用蓝色塑料片观看恐龙产生的
视觉效果

观察要点：幼儿如何使用两种色片观察？对恐龙立体成像的兴趣是否浓厚？

（设计意图：幼儿同时使用红、蓝色塑料片观看恐龙，感受立体效果。）

3. 神秘的太空

交流：试试用红、蓝色塑料片观察，能不能让我们"飞到太空"？（出示幼儿绘画的太空。）

幼儿绘画的太空作品

213

幼儿作品的立体效果

小结：红、蓝色塑料片能让我们的作品变成立体的。

播放 3D 太空电影：人们把色片运用到了电影制作中，使我们的观影更加有趣，更加逼真。

（设计意图：幼儿使用红、蓝色塑料片观看自己画的太空景物及 3D 电影，感受图像的立体效果。）

（五）活动提示

红、蓝色塑料片需用卡纸包边，并且剪成圆角，避免划伤幼儿。

（六）活动反思

1. 活动亮点

（1）有效激发幼儿的探究兴趣。随着科学技术的发展，幼儿有越来越多的机会接触到 3D 技术。在活动现场，我们可以观察到幼儿始终保持着高涨的探索热情。

（2）注重培养幼儿探究能力。在教学活动中，采用了集体观察、逐步推进、联系生活等教学方法，提升幼儿细致观察、比较发现等能力。同时，紧密结合生活经验,帮助幼儿感受科学技术和我们生活的联系,学会用发现的眼光去感知生活中的科技。

2. 问题与改进

在观看完 3D 立体电影后,有幼儿发出感叹"好像在做梦一样",如果当下的回应仅是"你说得真好",就较为笼统,无针对性,如"科学家的发明让我们的生活变得如此有趣"则会具体一些。

(七) 奇思妙想

色片在我们的生活中有着广泛的应用,如绿色片会运用到 3D 成像、电影制作中。我们可以收集不同颜色的色片感受不同的视觉效果。

(八) 科学揭秘

人类通过左眼和右眼所看到的物体的细微差异来获得立体感,要从一幅平面的图像中获得立体感,那么这幅图像就必须包含具有一定视差的两幅图像的信息,再通过适当的方法和工具分别传送到我们的左右眼。

红蓝 3D 成像是指左眼红色镜片、右眼蓝色镜片,画面也是红蓝错位的。左眼的镜片会过滤掉画面的蓝色内容,右眼过滤掉红色部分,左右眼看到不同画面而产生立体感。

(设计者:上海市嘉定区马陆以仁幼儿园　金　磊)

十五、活动"悬空的桥"

主题：我们的城市。

主题核心经验：了解道路与桥梁的特征。

科学知识与内容：发现和感受平衡。

科学方法与能力：观察、比较、猜测、分析、交流。

（一）设计思路

随着"我们的城市"主题活动的深入开展，幼儿对城市的道路、桥梁等各种交通设施表现出较高的关注度和兴趣。借助对图画书《摇摇晃晃的桥》的阅读，幼儿们大胆想象，在操作中探索、思考、分析、解决相关问题，积累科学经验。

一是关注幼儿经验。大班幼儿对物体的重心和平衡这种较为抽象的物理概念，很难有直观的感受或游戏体验，通过对《摇摇晃晃的桥》的创编，推动幼儿调动已有经验进行思考，直观地感受物体的重心和平衡。

二是关注过程体验。从实际问题出发，让幼儿在尝试造桥的过程中解决问题，把有关重心的科学概念和现象蕴藏在幼儿探索中，助推幼儿核心素养的发展。

三是关注学习内容。本次活动包含三个过程：第一环节，从幼儿喜欢的图画书出发进行新的思考和设想，激活幼儿的已有经验。第二环节，运用积木尝试搭建，通过观察、比较、分析发现积木位置与小桥悬空长度之间的关系。第三环节，尝试合作游戏，体会探究的乐趣。

（二）活动目标

幼儿能大胆猜测，仔细观察、比较与分析，发现积木摆放位置与小桥悬空长度之间的关系。

幼儿积极探索，感受建造悬空小桥的乐趣。

（三）活动准备

经验准备：幼儿运用积木开展过建构游戏，具有一定的关于平衡的科学经验。

物质准备：三块不同的带刻度的清水积木、图画书PPT。

有刻度的清水积木

《摇摇晃晃的桥》内页

（四）活动过程

1. 运用已有经验进行想象和思考

观察：一起来看看接下来还会发生什么事。

（1）猜想

提问：你觉得狐狸、兔子会用什么方法去救松鼠呢？

小结：我们想到了用各种不同的方法去救松鼠，这次我们尝试用造桥的方法去营救松鼠。

（2）思考尝试

提问：如果用断木建造一座一头悬空的小桥，你觉得能够成功吗？谁愿意来试试？

小结：只要让一头悬空的小桥保持平衡，就能成功。

（设计意图：通过继续观察画面，了解故事情节，结合已有经验和信息，大胆想象拯救松鼠的各种方法。以幼儿的主观认知冲突为起点，鼓励幼儿借物实证，了解平衡的概念。）

2. 在搭建游戏中扩展经验

（1）第一次游戏，探索多种搭建方式

观察：故事中另外两个动物是谁？这里的三块积木，哪块能代表断木？哪块能代表兔子？哪块能代表狐狸？说说你的理由。

提问：用这三块积木，搭建一座一头悬空的小桥，你会怎么搭呢？

实验要求：桌子是岸边，桌外是悬崖，用三块积木造一座一头悬空且只有一个支点的小桥；时间一到，请幼儿坐回自己的位置，搭好的积木保持原状。

分享：你们有哪些不同的搭建方式？

（2）第二次游戏，探索更长的小桥搭建方式

提问：狐狸和兔子想要营救松鼠，你觉得怎么造这座小桥，可以让小桥向外伸得更长呢？

实验要求：积木刻度数字小的一侧朝外；反复调整，让桥最长；造完之后读数，看看小桥伸在外面的部分有多长，记在心里。

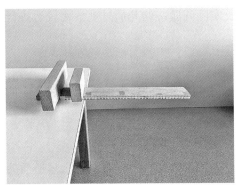

搭建方式(一)　　　　　　　　　　　搭建方式(二)

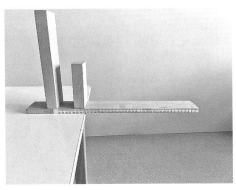
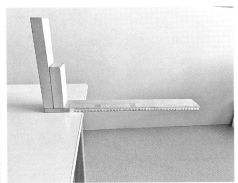

搭建方式(三)　　　　　　　　　　　搭建方式(四)

分享：(分享前给予幼儿观察比较的时间,请幼儿由短至长介绍搭建长度)同样的三块积木,为什么造出的小桥长度不同？造桥的方法有什么不同吗？

小结：我们发现,狐狸和兔子的位置越靠一边,小桥可以悬空的部分就越长。

设疑：这座造好的小桥,能成功救出松鼠吗？松鼠跳过来会怎么样？

(设计意图：两次游戏鼓励幼

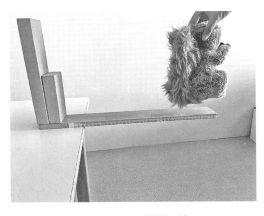

小松鼠验证桥的稳固性

儿通过观察、猜想、实验、比较、反思来解决实际问题。幼儿通过观察比较后进行反思和思考，促进思维能力的发展。）

3. 延伸游戏

科学游戏：请一个小朋友当兔子，一个小朋友当狐狸，借助木跳板和台阶的落差，拯救松鼠。

小结：我们在营救兔子的时候需要保持平衡才足够安全。

（设计意图：将活动经验运用于日常游戏，借助游戏体验加强幼儿对平衡的理解。）

（五）活动提示

真人游戏时选择的地台不宜过高，10 厘米左右即可，避免幼儿在跳板上失去平衡时受伤。

（六）活动反思

本次活动从幼儿的已有经验出发，鼓励幼儿探索各种未知。

1. 活动亮点

（1）基于幼儿游戏兴趣，从直观的实际问题出发进行科学探究。"拯救小松鼠"的探索问题来源于幼儿喜欢的图画书，幼儿们利用清水积木进行操作并思考解决方案。幼儿从图画书的阅读中借鉴相关经验，在游戏中不断积累重心和平衡的经验。

（2）实验材料简洁，变量可控。清水积木是幼儿非常熟悉的材料，且高度相似，减少了对实验结果的干扰，让幼儿的实验更加科学。

2. 问题与改进

本次活动中留给幼儿主动提问的机会不多，教师需要进一步鼓励幼儿将自己的想法表达出来。

（七）奇思妙想

吊车的配重、秤、天平等，都运用了平衡原理。生活中还有哪些物品也运用了平衡原理呢？

（八）科学揭秘

本次活动中的悬空桥,要实现稳定,需要在固定的一端施加较大的下压力。悬空的部分越长,施加的下压力越大,才能保持平衡。

（设计者：上海市嘉定区怀少幼儿园 李铭涵）

十六、活动"静电的力量"

主题：春夏秋冬。

主题核心经验：了解季节与人们生活的关系。

科学知识与内容：静电能够吸附一些小物体。

科学方法与能力：提问、观察、猜测、实验、反思与交流。

(一) 设计思路

进入秋冬，空气干燥，人们会感受到静电。在区角中，幼儿也发现摩擦气球能够吸附纸片，于是幼儿寻找各种材料进行探索，看看是不是所有物品都能吸附在气球上。本次活动从幼儿的兴趣出发，让幼儿充分地探索静电现象，感受静电的力量。

一是关注认知矛盾点。幼儿都认为摩擦气球能吸住轻的东西，易拉罐是不会跟着气球走的，但是摩擦后的气球却能让躺着的易拉罐跟着滚动起来，这引发了幼儿的认知冲突，激发了他们进一步探究的兴趣。

二是关注科学思维的形成。本次活动来源于摩擦起电的探索活动，从对静电现象的观察，到运用静电让小鸟动起来，再到静电在生活中的发明。拓宽幼儿思维，提升创新能力。

三是关注真实过程与发现。两次游戏让幼儿经历提出问题、猜想计划、实验反思、交流分享的完整过程，材料简单好玩，幼儿在玩科学的过程中，感受静电的力量。

(二) 活动目标

幼儿能仔细观察比较，发现摩擦产生静电，且静电有一定的吸附力。

幼儿能大胆提问、猜测、推理、动手实验并尝试反思。

(三) 活动准备

经验准备：幼儿在区角中玩过摩擦起电的游戏。

物质准备：易拉罐、气球、小鸟玩具等。

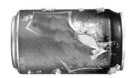

易拉罐

气球

小鸟玩具

（四）活动过程

1. 分享交流已有经验

分享：进入冬季，我们发现经常会产生静电，这几天我们都在玩静电的小游戏，静电可以把东西吸起来，这些材料都能吸起来吗？

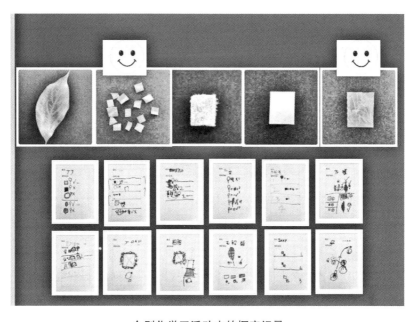

个别化学习活动中的探究记录

小结：气球摩擦后会产生静电,静电让气球吸起一些小的、轻的东西。

提问：关于静电,你们还有什么问题吗?

(设计意图：请幼儿说说个别化学习活动中的发现,教师进行梳理;鼓励幼儿围绕静电现象进行提问,尝试将幼儿的问题作为探究的起点。)

2. 游戏拓展经验

(1) 游戏一：易拉罐跟着走

提问：摩擦产生的静电能吸起轻的、小的物品,易拉罐看起来就很大,会不会被吸起来呢?

猜测：每名幼儿用投票的方式记录自己的猜想。

实验要求：快速摩擦气球;气球不能碰到易拉罐;仔细观察实验现象。

反思交流：和你们猜想的一样吗?

小结：易拉罐比纸片大一些、重一些,但它却能跟着气球滚动,摩擦产生的静电真有力量。

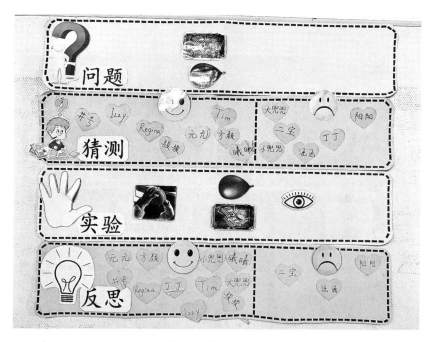

用白板呈现游戏思维的过程

（2）游戏二：小鸟动起来

猜测：（出示小鸟玩具）静电能不能让小鸟动起来呢？

实验要求：摩擦气球；拿着气球在小鸟的四周试一试，看看小鸟会不会动起来；仔细观察小鸟是怎么动的。

分享：你们是怎样让小鸟动起来的？和猜想的一样吗？

小结：（观看小鸟动起来的视频）摩擦产生的静电真有力量，气球放的位置不一样，小鸟的运动也不一样，有时候跟着气球飞，有时候会躲开。

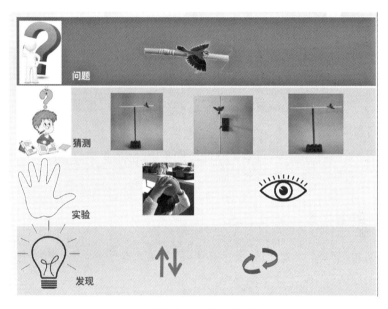

PPT 呈现游戏中的思维过程

（设计意图：两次游戏尝试让幼儿经历提问、猜想、实验、反思的完整过程。教师通过过程展示，理清幼儿思路，让幼儿形成解决问题的思维路径。）

3. 科技体验

科技体验：静电不但好玩而且有用，让生活更加方便。科学家利用静电原理发明的鸡毛掸，能快速清洁桌子上撒出来的面粉。（出示静电除尘鸡毛掸。）

拓展经验：科学家利用静电原理还发明了静电空气净化器等。

视频呈现静电贴纸、静电灯、空气净化器等与静电相关的发明，拓宽幼儿视野。

（设计意图：通过观看视频让幼儿感受到物理现象在生活中的应用，以及对生活问题的解决。）

（五）活动提示

本次摩擦起电使用的气球需要厚实一些，建议使用大小相同的海洋球，易拉罐的开口处要用胶带封住，避免割伤幼儿。

（六）活动反思

1. 活动亮点

（1）将幼儿的问题作为探究的起点。在低结构活动中，鼓励幼儿对观察到的现象进行提问，从幼儿的已有经验出发进行科学活动设计。

（2）环节架构关注幼儿的探究过程与思维过程。两次游戏都让幼儿经历提问、猜想、实验、反思的完整过程，逐渐形成解决问题的思维路径。

2. 问题与改进

科技体验的内容略多，导致游戏的时间不够充分，可以适当减少科技体验的内容。

（七）奇思妙想

有的时候静电也会给人类带来麻烦，例如冬天握手时，产生的静电会造成疼痛感，如何预防静电呢？我们一起去探究。

（八）科学揭秘

经过摩擦的物体，如塑料笔杆、玻璃棒，能够吸引轻小物体，我们说这些摩擦过的物体带了电荷。这类电荷静止在物体上，这类现象叫作静电现象。在干燥和多风的秋天，人们常常会碰到静电现象：晚上脱衣服睡觉时，黑暗中常听到噼啪的声响，而且伴有蓝光；见面握手时，手指刚一接触，会感到指尖针刺般的疼痛，令人大惊失色；早上起来梳头时，头发会经常飘起来；拉门把手、开水龙头时都会有触电的感觉，时常发出"啪"的声响等。

（设计者：上海市嘉定区教育学院　诸佩利）

十七、活动"听话的罐子车"

主题：我们的城市。

主题核心经验：关心城市交通道路的变化，体会畅通道路带来的方便。

科学知识与内容：重心移动。

科学方法与能力：观察、比较、猜测。

（一）设计思路

在开展大班主题"我们的城市"时，幼儿提出可以建造高架路解决老城区的堵车问题。从"设计建造高架"到"让小车在高架坡道上行驶"，幼儿在过程中不断发现新问题：怎样让小车跑得快？如何让小车转弯？小车能倒退吗？小车能在斜坡上停住吗？这些问题是幼儿很想探究的。

我们将重难点落在探究"听话的罐子车"的有趣现象上，关注幼儿科学经验的积累，挑战幼儿的固有思维。活动通过认知冲突引发幼儿观察、猜测、验证、反思的探究过程，鼓励幼儿在讨论中充分表达自己的猜测、发现和疑问。

（二）活动目标

幼儿仔细观察，探索发现罐子车在斜坡上滚动与停止的有趣现象。

幼儿清晰地表达自己的猜测与发现。

（三）活动准备

经验准备：幼儿有在"高架桥"上玩罐子车的经验。

物质准备：多媒体、黑板、记录纸、透明罐子、弹珠、斜坡、操作台。

（四）活动过程

1. 问题导入

（1）出示活动照片

提问：最近你们为老城做了什么？（造高架桥）

幼儿为老城建高架

（2）出示幼儿的记录纸

提问：罐子车在高架路上试运行，你们有什么新发现？

追问：可以用什么方法让罐子车加速？用哪些方法可以让罐子车减速？

小结：有的小朋友发现，在斜坡上加缓冲带、降低桥墩的高度、加长斜坡的长度等方法，可以让罐子车的速度变慢；有的小朋友发现在罐子中加入一些弹珠，把罐子放得高一点，或是把桥墩加高，可以让罐子车速度变快。

幼儿记录纸

（3）出示近期问题墙上的记录纸

问题墙上的记录纸

导入：罐子车在斜坡上"停车"和"倒车"的问题把大家难住了。

举手投票：哪些小朋友也遇到了这个问题？

小结：原来许多小朋友都遇到了同样的问题。大家在挑战罐子车"倒车"和"停车"时遇到了困难。

（设计意图：本环节主要让幼儿分享玩罐子车游戏中的已有经验。教师通过出示幼儿的记录纸，帮助其回忆和再现经验。过程中，引导幼儿充分表达自己的发现和猜测。需要注意的是，教师还要关注幼儿的共性问题，并引发集体探究的兴趣。）

2. 罐子车听我话

（1）第一次游戏

呈现罐子车与斜坡。

提问：如果将一些弹珠粘在罐子车里，再把车放到斜坡上会发生什么事情？

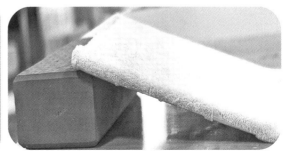

罐子　　　　　弹珠　　　　　　　　　　斜坡

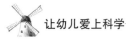

幼儿大胆猜测,教师记录:有的幼儿觉得罐子车会加速向前,有的幼儿觉得罐子车会停住,有的幼儿认为罐子车会转弯,还有的幼儿则认为罐子车会后退……

幼儿操作,验证自己的猜测。

分享交流:说说你们的发现,和猜想的一样吗?

小结:加了弹珠的罐子车在斜坡上有时前进,有时停住,有可能还会倒车,真有趣。

（2）第二次游戏

提问:有什么方法可以让罐子车按照你的指示前进、停住和倒退呢?

幼儿继续操作,尝试让罐子车前进、停住或倒退。

分享交流:你是如何让罐子车按照你的指示运动的?

播放视频。

总结梳理:罐子车里的弹珠朝向哪里,罐子车就往哪里运动。

罐子车在弹珠的作用下形成不同的运动方向

（设计意图:引发幼儿动手探索、观察发现罐子车在斜坡上的运动状态与弹珠所在的位置有关,颠覆幼儿认为罐子车只会往下滚动的经验,建构新的知识经验。）

（五）活动提示

1. 操作支架上的铅笔较细长，教师应提醒幼儿不能将铅笔对准同伴，且不能拿着铅笔快速走动。

2. 建议同一张桌子只安排两名幼儿进行操作，减少同伴间的相互干扰。

（六）活动反思

1. 活动亮点

（1）引发幼儿探究的兴趣：熟悉的材料因有了新的变化而产生不同的运动现象，激发了幼儿探究的兴趣，幼儿积极主动地举手发言与动手实验。

（2）激发幼儿的挑战愿望：活动刷新了幼儿的原有经验与认识，引发了认知冲突。环节的设计也有挑战性，两次操作，层次分明，对幼儿形成了认知挑战。

2. 问题与改进

两次操作似乎还未完全满足幼儿的探究愿望，如果时间允许的话，可以在集体分享后让幼儿再去试一试，满足他们想要继续探究的愿望。

（七）奇思妙想

想不想尝试让罐子车转弯、悬浮翻越障碍等更有趣的挑战呢？

（八）科学揭秘

地球对它附近的物体有吸引作用，由于地球吸引而使物体受到的力叫重力。罐子中的玻璃弹珠无论处于什么位置都会受到重力作用，向下滚动。罐子车则会受到弹珠的影响，向重的一边滚动，从而产生不同的运动方向。如果弹珠已经在罐子底部了，罐子车则保持静止状态。

（设计者：上海市嘉定区菊园幼儿园　郁　琼）

参考文献

1. 王厥轩.幼儿园探索型主题活动案例 100 例[M].上海：上海科技教育出版社,2003.

2. 董旭花.幼儿园科学区(室)——科学探索活动指导 117 例[M].北京：中国轻工业出版社,2011.

3. 威廉姆斯 C.里兹.培养儿童好奇心——89 个科学活动[M].王素,倪振民,译.北京：教育科学出版社,2009.

4. 吉恩·D.哈兰,玛丽·S.瑞夫金.儿童早期的科学经验——一种认知与情感整合的方式[M].张宪冰,李姝静,郑洁,于开莲,译.北京：北京师范大学出版社,2006.

5. 克里斯汀·夏洛,劳拉·布里坦.儿童像科学家一样——儿童科学教育的建构主义方法[M].高潇怡,梁玉华,孙瑾,译.北京：北京师范大学出版社,2006.

6. 贾尼斯·斯特拉瑟,莉萨·穆夫森·布雷森.小脑袋,大问题——促进幼儿深度学习的高水平提问[M].孟晨,译.北京：中国轻工业出版社,2018.

7. 大卫·杰纳·马丁.建构儿童的科学——探究过程导向的科学教育[M].杨彩霞,于开莲,洪秀敏,苏伟,译.北京：北京师范大学出版社,2002.

8. 胡绮霞.幼儿科学探究活动：重过程,还是重结果？[J].教育导刊,2005(6).

9. 林文婷.浅谈幼儿科学探究活动中教师的提问策略[J].新课程,2013(7).

10. 汪临萍,王喜海.巧用提问策略,激发幼儿好奇心[J].教育与教学研究,2013,27(5).

11. 杨伟鹏,张丹丹.推动 STEM 教育：人工智能时代下的幼儿园课程建设[J].
幼儿教育,2018(5).

12. 张小永,李娟.STEM 教育中学生深度学习及其培养路径研究[J].教育导刊,
2019(1).

后 记

　　《让幼儿爱上科学——学前科学教育集体活动的创新设计》是《和儿童一起玩科学——基于自主探究的学前科学教育活动实践研究》的深化。三年来,我们以课题为引领,聚焦学前科学教育集体教学活动,开展改革创新实践,不断深入探索学前科学教育集体活动的设计与实施。

　　感谢上海市嘉定区教育局、嘉定区教育学院对本书出版的关心和支持,感谢华东师范大学施燕教授的悉心指导,感谢上海市嘉定区安亭幼儿园、上海市菊园幼儿园等基地园的大力支持。本研究成果是嘉定区科学课题组成员实践探究的智慧结晶:林巧珍与郁琼老师负责大班案例的整理;沈雯霏与陈佳老师负责中班案例的整理;王婷老师负责小班案例的整理,在此对她们表示衷心的感谢! 我深深地为课题组每一位成员的钻研与创新精神所感动,也为课题组在实践探索中所取得的丰硕成果而感到自豪。

　　《让幼儿爱上科学——学前科学教育集体活动的创新设计》已成书,但限于时间等因素,书中定有粗疏之处,敬请读者指正。

上海市嘉定区教育学院　诸佩利

2023 年 3 月

图书在版编目（CIP）数据

让幼儿爱上科学：学前科学教育集体活动的创新设计 / 诸佩利编著. — 上海：上海教育出版社，2023.9
ISBN 978-7-5720-2237-1

Ⅰ.①让… Ⅱ.①诸… Ⅲ.①科学知识－教学研究－学前教育 Ⅳ.①G613.3

中国国家版本馆CIP数据核字(2023)第168179号

策　　划　时　莉
责任编辑　钱　吉
封面设计　赖玟伊

让幼儿爱上科学
——学前科学教育集体活动的创新设计
诸佩利　编著

出版发行　上海教育出版社有限公司
官　　网　www.seph.com.cn
地　　址　上海市闵行区号景路159弄C座
邮　　编　201101
印　　刷　上海龙腾印务有限公司
开　　本　700×1000　1/16　印张 15.25　插页 1
字　　数　258 千字
版　　次　2023年9月第1版
印　　次　2023年9月第1次印刷
书　　号　ISBN 978-7-5720-2237-1/G·1991
定　　价　68.00 元

如发现质量问题，读者可向本社调换　电话：021-64373213